btb

NATASHA TRETHEWEY

MEMORIAL DRIVE
ERINNERUNGEN EINER TOCHTER

Aus dem amerikanischen Englisch
von Cornelia Holfelder-von der Tann

btb

Zum Gedenken an die Frauen,
die mich gemacht haben:

FRANCES DIXON INGRAHAM
LERETTA DIXON TURNBOUGH
und
GWENDOLYN ANN TURNBOUGH,
meine Mutter

Die Vergangenheit schlägt in mir
wie ein zweites Herz.

JOHN BANVILLE, *DIE SEE*

Alle Reisen haben eine heimliche Bestimmung,
die der Reisende nicht ahnt.

MARTIN BUBER

INHALT

I.

[ ]

Drei Wochen nach dem Tod meiner Mutter träume ich von ihr: Wir gehen einen ausgetretenen Weg entlang, eine ovale Bahn, auf der wir langsam unsere Runden drehen: nebeneinander, so nah, dass sich unsere Schultern fast berühren, beide ohne etwas zu sagen, jede in ihren eigenen Fußspuren. Obwohl ich weiß, dass sie tot ist, bin ich ganz zufrieden, als wäre sie nur irgendwo anders, wo ich hingereist bin, um sie zu treffen. Die Welt um uns herum ist schummrig, ein Hintergrund von Schatten, aus denen jetzt ein Mann kommt. Auch im Traum weiß ich, was er getan hat, und doch hebe ich die Hand und sage grüßende Worte, als er an uns vorbeigeht. In dem Moment dreht meine Mutter sich zu mir, und da sehe ich es: ein Loch, so groß wie ein Vierteldollar, mitten in ihrer Stirn. Aus dem Loch kommt Licht, so hell, so grell, dass ich für einen Moment geblendet bin, wie wenn man in die Sonne blickt – ihr Gesicht nichts als Licht, umringt von Dunkel, als sie sagt: »Weißt du, was es heißt, eine Wunde zu haben, die niemals heilt?« *Ich weiß, ich soll nicht antworten, also gehen wir weiter wie zuvor, setzen die Runde fort, bis wir ihm wieder begegnen. Dies-*

mal ist er da, um sein Vorhaben zu Ende zu bringen: Mit einer Pistole zielt er auf ihren Kopf. Diesmal glaube ich, sie retten zu können. Reicht es, mich in die Schussbahn zu werfen? Zu rufen »Nein!«? Ich wache von diesem einen Wort auf, meine eigene Stimme reißt mich aus dem Schlaf. Aber was bleibt, ist die Stimme meiner Mutter, ihre letzte Frage an mich – »Weißt du, was es heißt, eine Wunde zu haben, die niemals heilt?« – ein Refrain.

PROLOG

Das letzte Bild von meiner Mutter, abgesehen von den Fotos ihrer Leiche am Tatort, ist ein formelles Porträt, entstanden nur wenige Monate vor ihrem Tod. Sie posierte dafür in einem Ketten-Fotostudio, bekannt für seine fachgerechten, aber nicht weiter bemerkenswerten Fotos: Babys, die man mit Handpuppen zum Lachen gebracht hatte, Kinder in identischen Weihnachtspullovern, der Größe nach gestaffelt – alles vor einem gängigen Hintergrund. Manchmal ist es ein himmelblauer Fotohintergrund, der aussieht wie mit einer Feder gebürstet, oder eine herbstliche Szene mit rot-gelbem Laubwerk und einem Koppelzaun. Für stimmungsvollere Porträts tritt, wie um eine Aura von Ernsthaftigkeit oder formeller Eleganz zu erzeugen, der einfarbig schwarze Hintergrund in Aktion.

Sie war vierzig. Für die Fotoaufnahmen hatte sie ein langärmliges schwarzes Etuikleid gewählt, der hohe Kragen am Hals offen. Sie blickt nicht in die Kamera, sondern fixiert einen fernen Punkt, offenbar knapp über meiner Kopfhöhe, und ihr Gesicht ist so unergründlich, wie es immer war – die hohe, elegante Stirn faltenlos glatt, eine Werbetafel, auf der nichts steht. Sie lächelt auch nicht, was ihr Kinngrübchen noch prononcierter macht, und ihre Kieferlinie über dem schlanken Hals ist auf eine weiche Art eckig. Sie sitzt vollkommen aufrecht, ohne dass es gezwungen oder unbequem aussieht. Vielleicht beabsichtigte sie, Jahre später auf das Foto zurückzublicken und zu sagen: »Da fing es an, mein neues Leben.« Mich trifft der Gedanke zutiefst, dass es das war, was sie wollte: dokumentieren, dass sie eine Frau war, die es so weit geschafft hatte, vor der sich jetzt der Rest ihres Lebens auftat.

Dieser Gedanke hat mich immer mit Verzweiflung erfüllt, und so erzählte ich mir jahrelang lieber andere Geschichten. In einer Version wusste sie, dass sie bald getötet werden würde. Ich weiß, dass sie mit Freundinnen von der Arbeit mehr zur Unterhaltung bei einem Medium war; so viel erzählte sie mir, aber sie sagte nie, was sie dabei erfahren hatte. Um dieselbe Zeit hatte sie auch mehrere Lebensversicherungspolicen abgeschlossen, daher sagte ich mir jahrelang, sie müsse Vorkehrungen für das Unvermeidliche getroffen und – in ihren letzten Lebenswochen – sichergestellt haben, dass für ihre Kinder gesorgt wäre, wenn sie nicht mehr da war. In Wirklichkeit sagte ihr das Medium wohl allenfalls irgendetwas Verheißungsvolles über ihre Zukunft – Liebesglück vielleicht oder positive Aussichten in ihrem gerade erst angenommenen neuen Job als Personalleiterin bei der County-Behörde für mentale Gesundheit. Ich weiß, dass die Versicherungen einfach zu den Sozialleistungen gehörten, die dieser Job mit sich brachte: Sie hatte sie vermutlich während der Vergünstigungsfrist für neue Mitarbeiterinnen und Mitarbeiter abgeschlossen. Und doch tröstete mich das Narrativ, dass sie im Bewusstsein dessen, was kommen würde, stoisch geplant hatte. Ich ertrage die Alternative nicht, die Vorstellung von jenem schrecklichen letzten Moment, in dem sie plötzlich erkennt, dass sie gleich sterben wird, nachdem sie gerade noch geglaubt hat, entkommen zu sein. Vielleicht liegt die Wahrheit ja irgendwo zwischen ihrer Hoffnung und ihrem Pragmatismus.

Rückblickend sehe ich dieses Porträtfoto in seiner Düsterkeit anders – als hätte der Fotograf etwas Künstlerisches hervorbringen wollen, statt eines gewöhnlichen Studioporträts. Es ist, als hätte er aus dem Negativraum um sie herum einen Rahmen gemacht, um ein schwieriges Wissen in den Blickpunkt zu rücken: die dunkle Vergangenheit hinter ihr, ihr erhelltes Gesicht in eine Zukunft weisend, die ihr Blick fixiert.

Und doch ist da – unleugbar – noch etwas anderes, elegisch schon damals: ein seltsamer heller Winkel gleich hinter ihrem Kopf, vielleicht ein Fehler des Fotografen, was wirkt, als hätte sich eine Tür geöffnet, ein Durchgang, durch den sie, wenn sie sich umdreht, demnächst verschwinden könnte. Wenn ich das Bild jetzt betrachte, im Wissen um das, was kommen würde, sehe ich, was der Fotograf noch gemacht hat. Er hat sie so dargestellt: ihr schwarzes Kleid so schwarz wie der Fotohintergrund, sodass sie, bis aufs Gesicht, tatsächlich Teil dieses Dunkels ist, aus ihm auftaucht wie aus den Tiefen der Erinnerung.

Fast dreißig Jahre nach dem Tod meiner Mutter kehrte ich zum ersten Mal an den Ort zurück, an dem sie ermordet wurde. Ich war nicht mehr dort gewesen, seit ich mit neunzehn ihre Wohnung hatte ausräumen müssen und alles entsorgt hatte, was ich nicht mitnehmen konnte – oder wollte: sämtliche Möbel und Haushaltsgegenstände, ihre Kleidung, ihre umfangreiche Schallplattensammlung. Behalten hatte ich nur ein paar von ihren Büchern, einen schweren Gürtel aus Patronen und eine einzige Pflanze, die sie geliebt hatte – eine Dieffenbachie. Meine ganze Kindheit hindurch war es meine Aufgabe gewesen, mich um sie zu kümmern, jede Woche die oberen Blätter abzustauben und zu besprühen und die braun gewordenen unteren abzuschneiden. *Pass auf, wenn du mit ihr umgehst*, warnte mich meine Mutter. Eine banale, scheinbar überflüssige Ermahnung, aber der Saft der Dieffenbachie enthält ein Gift, und er quillt beim Schneiden aus den Blättern und Stängeln. *Stummblume* wird die Pflanze auch genannt, weil sie vorübergehend sprechunfähig machen kann. Wir sagen, jemand ist stumm vor Schreck oder etwas verschlägt einem die Sprache, und wir sprechen von stummer Trauer, wenn die Trauer nicht in Worten geäußert wird. Ich verstand damals die Metaphorik der Pflanze für das Verhältnis zu meiner Mutter nicht, was es bedeutete, dass sie mir deren Pflege übertragen und mich gleichzeitig vor ihrer Gefährlichkeit gewarnt hatte.

Als ich Atlanta verließ und mir schwor, nie dorthin zurückzukehren, nahm ich mit, was ich all die Jahre kultiviert hatte: stummes Meiden meiner Vergangenheit, Schweigen und willentliche Amnesie, tief in mir eingewurzelt. Und ich hätte mir damals nicht vorstellen können, dass mich je irgendetwas wieder in diese Stadt zurückziehen könnte, in eine Umgebung, die an jeder Ecke eine Erinnerung an die Vergangenheit bereithielt. Ich war entschlossen, zu vergessen, auch wenn ich das Andenken meiner Mutter auf jede mir mögliche

Art zu ehren versuchte. Tatsächlich glaubte ich, als ich aus beruflichen Gründen zurückging – ich hatte dort eine akademische Stelle angenommen –, mein früheres Leben umgehen zu können, indem ich jeden erdenklichen Umweg machte, um zumindest den einen Ort zu meiden, den zu sehen ich nicht ertragen könnte. Bis ich es musste.

Um hinzukommen, musste ich markante Punkte passieren, die mich ins Jahr 1985 zurückversetzten – das County-Gerichtsgebäude, wo die Verhandlungen stattfanden, das Polizeipräsidium von DeKalb County kurz vor dem Highway 285, den Autobahnring um Atlanta selbst –, und den Memorial Drive entlangfahren, eine Ost-West-Hauptverkehrsader, die einst Fair Street hieß. Der Memorial Drive beginnt in der Stadtmitte und führt von Downtown ostwärts bis zum Stone Mountain, dem größten Konföderierten-Denkmal der USA. Als bleibende Metapher für das weiße Denken der Südstaaten erhebt sich der Stone Mountain aus der Erde wie der Kopf eines versunkenen Riesen – auf der Stirn prangt der nostalgische Traum von Südstaaten-Heroismus und -galanterie: die riesigen Relieffiguren von Stonewall Jackson, Robert E. Lee und Jefferson Davis. Nicht weit vom Fuß des Stone Mountain liegt die Wohnung, in der wir in jenem letzten Jahr wohnten, Memorial Drive, Block 5400, Nummer 18D.

Obwohl ich genau wusste, wo ich war, die Orientierungspunkte am Weg kannte, fuhr ich zuerst an dem Komplex vorbei und musste umkehren, um die von Bäumen gesäumte Einfahrt zu nehmen. Dabei erblickte ich in der Ferne den Stone Mountain; er wurde plötzlich vom höchsten Punkt des Memorial Drive aus sichtbar, wie um mich darauf zu stoßen, was hier in Erinnerung gehalten wird und was nicht.

Als ich zuletzt hier in der Wohnanlage war, am Morgen nach ihrem Tod, sah ich die verblassten Kreideumrisse ihres Leichnams auf dem Gehweg, das gelbe Polizeiabsperrband, das immer noch an der Haustür klebte, das kleine, runde Loch in der Wand neben ihrem Bett, wo ein Projektil – ein Fehlschuss – eingeschlagen war. Jetzt zeugt hier nichts mehr von dieser Tat, wenn auch alles den Stempel des Verlusts trägt. Reihe um Reihe rostiger Treppengeländer und Fliegenfenster zieht sich die heruntergekommenen Gebäude entlang, und die Hauswände übertüncht ein hellerer Farbton, wie um die dunkle Geschichte darunter zu verbergen.

Unterm Fenster des ehemaligen Schlafzimmers meiner Mutter stehend, dachte ich an das Einschussloch: so eine winzige Spur des Geschehnisses, das so einschneidend in unser Leben eingegriffen hatte. Man hatte es wohl rasch repariert, gefüllt und überstrichen, und ich fragte mich jetzt, ob das Gebäude mit den Jahren gearbeitet, die Wand sich bewegt hatte. Ich weiß um die eingebrochene Stelle, die ein einstmals überdeckter Nagelkopf verursachen kann, wenn ein Haus arbeitet, ein kleiner Krater im Gips, wie eine Wunde, die von innen her aufbricht. Das ist es, was mich hierher zurückgezogen hat: das Versteckte, Überdeckte, beinah Getilgte. Ich muss mir jetzt unsere Geschichte erklären, den tragischen Kurs verstehen, auf dem sich das Leben meiner Mutter befand, und die Art und Weise, wie mein eigenes Leben durch dieses Erbe geprägt wurde.

In meinem Kopf hält sich ein Bild von mir an jenem ersten Tag nach ihrem Tod, beim Betreten der Wohnung. Ein Lokalsender hatte meine Ankunft gefilmt, deshalb ist es nicht nur das Bild jenes Moments, sondern es bin ich, wie ich mich – aus der Distanz – vermeintlich zum letzten Mal in mein altes Leben zurückkehren sehe. In den Aufnahmen gehe ich die Eingangstreppe hoch, trete ein und mache die Tür hinter mir zu. Wenn ich jetzt daran denke, höre ich keine Worte, ist der Ton stummgestellt. Vielleicht nannte die Reporterin unsere Namen, vielleicht auch nicht, indem sie von meiner Mutter als *dem Opfer* sprach. Und vor meinem geistigen Auge ist unten auf dem Bildschirm eine Schriftzeile: Sie bezeichnet mich als *Tochter der Ermordeten*. Schon in dem Moment hatte ich das Gefühl, jemand anderem zuzuschauen – einer jungen Frau an der Schwelle ihres Lebens, zugleich dem Zugriff von Erwachsensein und schmerzlichem Verlust ausgesetzt.

Die junge Frau, die ich geworden war, als ich Stunden später diese Wohnung verließ, war nicht diejenige, die sie betreten hatte. Es ist, als wäre sie – dieses Mädchen, das ich war – immer noch dort, eingesperrt in das Video, das endet, wo es endet. Oft habe ich diese Tür in meinen Träumen gesehen. Nur ist es jetzt eine Schwelle, die ich übertreten kann.

Der Mutter Spiegel bist du, die das Glück
Des eignen Mais in deinem sieht erneut.

SHAKESPEARE, 3. SONETT

1.

EIN ANDERES LAND

Ich habe ein großes Muttermal hinten auf dem Oberschenkel. Obwohl es schon über ein halbes Jahrhundert zu mir gehört, kann ich mich nie erinnern, welches Bein seine dunkle Silhouette trägt, und muss deshalb rückwärts in den Spiegel schauen, um es wieder zu wissen. Das Mal zu sehen, ist so ähnlich, wie auf eine vergessene Narbe zu stoßen, ein Relikt, das den Moment der Verletzung wieder wachruft. Es versetzt mich in meine frühe Kindheit zurück: die langen warmen Tage in Mississippi, als ich meistens Shorts trug und das Muttermal offen sichtbar war, nicht versteckt wie jetzt meistens. Es hat zwar nicht die Form, aber die Größe einer Hand und befindet sich genau an der Stelle, wo – würde einem wie meiner Mutter gesagt, man solle sich auf seine Hände setzen – ein Abdruck zurückbleiben könnte.

Quer durch die Kulturen gibt es zahlreiche Mythen darüber, wie die Mutter einem Kind ihren Stempel aufprägen kann, noch bevor es zur Welt kommt, wie ihre Gelüste oder Ängste sich an dessen Körper zeigen können: als Muttermale in der Form oder Farbe von Lebensmitteln, auf die sie Heißhunger hatte, als graue Haarsträhne da, wo sie an ihrem eigenen Haar zog. Um den Heißhunger abzustellen, heißt es: Iss etwas Erde oder Lehm. Um die Hand, die am Haar zieht, still zu halten: Setz dich drauf. Hätte meine Mutter etwas Derartiges getan, hätte es in meiner Familie vielleicht eine einzige Geschichte darüber gegeben, was mein Muttermal bedeutet. Aber einigen konnten sich die Älteren nur darauf, dass es aussah wie etwas auf einer Landkarte, eine Gegend, von der meine Mutter vielleicht geträumt hatte, in der sie aber nie gewesen war. Ich habe mir oft vorgestellt, wie sie meine Ankunft erwartete, hoffnungsfroh, aber auch ängstlich wegen der Welt, der Zeit und der Umgebung, in die ich hineingeboren würde: ein intensives Sehnen, das in ihr Gestalt annahm.

Im Frühjahr 1966, als ich geboren wurde, stand meine Mutter zwei Monate vor ihrem zweiundzwanzigsten Geburtstag. Mein Vater war nicht da, beruflich unterwegs, also legte sie die kurze Strecke vom Haus meiner Großmutter zum Gulfport Memorial Hospital wie geplant ohne ihn zurück. Auf dem Weg zur »rassengetrennten« Geburtsstation konnte sie gar nicht umhin, den Tenor des Tages wahrzunehmen, die Flut von Konföderiertenfahnen, die die Straßen säumten: Privatleute, Politiker, Ku-Klux-Klan-Mitglieder (oft in einer Person) hissten diese Fahnen in Gulfport und Kleinstädten in ganz Mississippi. Der 26. April jenes Jahres war der hundertste Gedenktag der Konföderierten – ein Tag der Verherrlichung des Alten Südens, der Verlorenen Sache und der weißen Vorherrschaft –, und vieles von der Inbrunst war auch eine demonstrative Reaktion auf die jüngsten Fortschritte der Bürgerrechtsbewegung. Es konnte meiner Mutter nicht entgehen, wie paradox es war, dass ich gerade an diesem Tag geboren wurde – ein Kind der »Rassenmischung«, einer »Mischehe«, die in Mississippi und zwanzig weiteren Bundesstaaten noch immer illegal war.

Abgesondert auf der »Farbigen«-Station, wusste meine Mutter, dass das Land sich veränderte, aber langsam. Sie war im Sommer 1965 volljährig geworden, in den Nachbeben des Blutigen Sonntags von Selma, der Watts-Unruhen und Jahren rassistischer Morde in Mississippi. Anders als mein Vater, der als weißer Junge im ländlichen Nova Scotia groß geworden war, wo er jagen und fischen und frei in den kanadischen Wäldern umherstreifen konnte, war meine Mutter als Schwarzes Mädchen im tiefen Süden aufgewachsen, eingeengt, gebunden an eine Welt, die durch die Jim-Crow-Gesetze abgesteckt war. Während mein Vater an die Idee des wagemutigen Lebens glaubte, an die Notwendigkeit, Risiken einzugehen, hatte meine Mutter die Notwendigkeit des So-tun-als-ob erlernt, die Kunst, vor Weißen, die von Schwarzen servile Unterwürfigkeit erwarteten, das eigene Gesicht zu einer unergründlichen Maske zu machen. Im Sommer 1955, mit elf, hatte sie gesehen, was einem Schwarzen Kind in Mississippi passieren konnte, wenn es sich nicht so benahm, wie es von ihm erwartet wurde, sich nicht an die Rassenschranken hielt: im *Jet*-Heft meiner Großmutter Emmett Tills geschundener Leichnam, sein verwüstetes Gesicht.

Selbst wenn meine Mutter die rassistische Gewalt und die zunehmende Unruhe um sich herum hätte ignorieren wollen – nicht mit meiner Großmutter. In ihrem Haus lag auf dem Couchtisch die neueste Ausgabe der Zeitschrift *Jet* neben einem Buch mit Fotos der Bürgerrechtsbewegung, von Lynchmorden bis hin zu friedlichen Protesten und den unbeugsamen Gesichtern Schwarzer Amerikanerinnen und Amerikaner – ständige Erinnerung an die Notwendigkeit des Kampfes für Gerechtigkeit in einem Staat, in dem man immer unübersehbarer daran erinnert wurde. Im Jahr, bevor meine Mutter meinen Vater kennenlernte, hatte der Bürgerrechtsaktivist Medgar Evans in seiner Hauseinfahrt in Jackson eine tödliche Kugel in den Rücken bekommen. Im selben Jahr, 1963, schloss sich meine Großmutter einer Gruppe Schwarzer Bürgerinnen und Bürger an, um in Biloxi dagegen zu protestieren, dass ihnen der Zugang zu öffentlichen Stränden verwehrt war. Als Zeichen der Trauer um Evans steckten die Protestierenden Hunderte schwarzer Fähnchen in den Sand – ein Bild, das meine Mutter, die vom Uferdamm aus zusah, nie vergessen würde. So wenig wie die Nachricht vom Tod der drei Bürgerrechtsaktivisten, die bei der Freedom-Summer-Freiwilligenkampagne geholfen hatten, Schwarze Wähler in Mississippi zu registrieren. James Chaney, Andrew Goodman und Michael Schwerner waren im Juni 1964 entführt und ermordet worden, und ihre Leichen fand man zwei Monate später unter einem Erdwall in Neshoba County.

Als meine Mutter davon erfuhr, war sie außerhalb des Bundesstaats, auf einer Exkursion mit ihrer College-Theatertruppe. Bei ihrer Rückkehr war die Terrorkampagne des Ku-Klux-Klan in vollem Gang, und das Mississippi, in das sie zurückkehrte, war noch beängstigender geworden. Jener Sommer war eine Zeit der Feuer, der Gefahr, die immer näher kam: flammende

Kreuze und brennende Kirchen im ganzen Staat. Meine Mutter und meine Großmutter, die gegenüber einer Kirche wohnten, fanden jetzt keinen festen Schlaf mehr, sondern wachten nachts oft auf und horchten. Vor diesem Hintergrund von Bedrohung und Aufruhr verliebten sich meine Eltern, zu der Zeit beide auf dem College, ineinander. Sie begegneten sich in einem Literaturkurs, modernes Drama, und ihre Gespräche über Bücher und Theater führten sie rasch aus dem Seminarraum hinaus in die Nachmittagssonne, und sie spazierten über den Campus und weiter, inmitten der sanften, grünen Hügel Kentuckys. Als sie 1965 »ausrissen«, über den Ohio River nach Cincinnati, wo sie legal heiraten konnten, war nur meiner Mutter wirklich klar, was das für mich bedeuten würde, das Kind, das sie bereits unterm Herzen trug. In Briefen an meinen Vater während der Monate ihres Getrenntseins war sie optimistisch und pragmatisch zugleich: Sie hoffte auf eine sich verändernde Nation, wusste aber sehr wohl, dass jedes Kind, das sie zur Welt bringen würde, viel lernen müsste, um sicher zu sein. Das hieß, ich würde die Realitäten begreifen müssen, mit denen ich konfrontiert wäre: die schmerzlichen, repressiven Fakten einer Umgebung, die sich schwertat, die Integration zu akzeptieren, auch wenn sie jetzt Gesetz war. Mein Vater mit seiner idealistischen Natur war immer noch naiv genug zu glauben, ich könnte so frei von den Bürden der »Rassenzugehörigkeit« – will heißen, des Schwarzseins – aufwachsen wie er.

Sie ergänzten einander in ihrer Gegensätzlichkeit: meine Mutter anmutig und zurückhaltend, achtsam, mein Vater mit seinen rauen Umgangsformen, ungehobelt und belesen zugleich, oft in Gedanken. Es war meine Mutter, die das Bluten meiner Wange stillte, als ich mit dem Rasiermesser meines Vaters nachmachen wollte, was ich ihn damit hatte tun sehen. Es war mein Vater, der das Rasiermesser geistesabwesend in meiner Reichweite hatte liegen lassen. Als ich mir eines Tages draußen im Graben das Knie aufschlug und etwas zum Vorschein kam, das wie eine weiße Hautschicht unter der obersten aussah, lag ich zwischen den beiden, hielt ihre Hände aneinander und fragte, warum sie nicht die gleiche Hautfarbe hatten, warum meine wieder anders war als ihre. *Was war ich?* »Du hast das Beste von beiden Welten«, erklärten sie mir nicht zum ersten Mal.

Draußen in der Welt, mit nur einem von ihnen, begann ich ein tiefes Gefühl der Entwurzelung zu verspüren. Wenn ich mit meinem Vater unterwegs war, registrierte ich die höflichen Reaktionen von Weißen, die Art, wie sie ihn mit »Sir« oder »Mister« ansprachen. Meine Mutter dagegen nannten sie »*Gal*«, nie »Miss« oder »Ma'am«, wie es sich doch angeblich gehörte. So unterschiedlich wurde ich behandelt, je nachdem, mit wem ich zusammen war, dass ich nicht mehr wusste, wohin ich gehörte. Nur zu Hause, wenn wir drei zusammen waren, fühlte ich mich zutiefst *zu ihnen gehörig*, und in dieser Dreieinigkeit von Mutter, Vater und Kind schloss ich die Augen und schlief zwischen ihnen auf dem hohen Bett ein.

Vor diesem Schlafzimmer war ein langer, schmaler Gang zum Arbeitszimmer und einem gleich jenseits der Tür befindlichen hohen Bücherregal, das meine Aufmerksamkeit unzählige Nachmittage lang fesselte. Es beherbergte die Bücher meiner Eltern und eine Reihe von Enzyklopädien, die meine Großmutter auf Drängen meiner Mutter zur Erinnerung an meine Geburt gekauft hatte, statt meine Babyschühchen bronzieren zu lassen. Im frühesten Traum, an den ich mich erinnere, führte dieser Gang zu etwas Unbekanntem, das mich anzog und dennoch diffus ängstigte – eine Ahnung von Gefahr dort vor mir. Im Traum wachte ich auf, und das Haus war so dunkel und still, als wäre ich allein. Ich stand auf, ging zur Tür und spähte den Gang entlang. Mir gegenüber, am anderen Ende des Gangs, den Blick aufs Bücherregal versperrend, war eine mannsgroße Gestalt: gesichtslos und ganz und gar aus den zerkleinerten Muschelschalen, die die Einfahrt neben unserem Haus bedeckten und über deren scharfe Kanten ich so oft barfuß gegangen war.

Heute leuchtet mir ein, dass der früheste Traum, an den ich mich erinnere, diese Form hatte. Damals war mein Vater im Teilzeit-Graduiertenstudium, um seinen PhD in Englisch zu machen und Schriftsteller zu werden. Hätte ich ihm erzählt, was mir Angst gemacht hatte, hätte er mir, um mich zu beruhigen, vielleicht erklärt, dass diese Traumbilder Geschichten ähnelten, die er mir vor dem Zubettgehen vorlas: den Irrfahrten des Odysseus, seiner Begegnung mit dem Zyklopen, der den Ausgang der Höhle blockierte, dem Monster Grendel am Eingang der Methalle in der *Beowulf*-Sage. Außerdem gab es da noch die Geschichten von Narziss, Ikarus, Kassandra, dem Rätsel der Sphinx – Geschichten über Mut, Eitelkeit, Hybris, Wissen.

Ich mochte es, mich in seinem großen Sessel an ihn zu kuscheln, während er las. Eines Abends fuhr ich mit dem Zeigefinger seinen Hals hinunter, über den spitzen Hubbel dort.

»Was ist das, Daddy?«, fragte ich. Aus der Sonntagsschule kannte ich die Geschichte von Adam und Eva, aber nicht den Teil, den mein Vater jetzt erzählte: wie der Apfel vom Baum der Erkenntnis Adam im Hals stecken blieb und dessen Nachkommen daher alle dieses anatomische Merkmal tragen sollten.

»Tut der weh?«, fragte ich.

»Nein«, sagte er, wie üblich die Stirn runzelnd. »Aber er ist eine der Konsequenzen der Erkenntnis.«

»Warum habe *ich* keinen?«

»Hast du ja«, sagte er und legte meine Hand auf meine Kehle. »Er ist nur kleiner. Sag was, dann fühlst du ihn.«

Was mein Vater mich über die Welt lehren wollte, sagte er nicht immer explizit, daher hörte ich aufmerksam seinen Geschichten zu und fand mich in den Charakteren wieder. Wenn ich, obwohl er mich davor gewarnt hatte, auf meiner Schaukel zu hoch hinaufschwang – fast über die Querstange, sodass die Ketten die Spannung verloren und ich unsanft am Boden landete –, hörte ich die Geschichte von Ikarus. Wenn ich vor dem Spiegel meine Mutter imitierte, wie sie sich zurechtmachte, verzückt von meinem eigenen Gesicht, war es die Geschichte von Narziss.

In seinen Kurzgeschichten, fiktionalisierten Darstellungen unseres Lebens, nannte er die Figur, die für mich stand, Cassandra, nach der Gestalt aus der griechischen Mythologie. Für meinen Vater war der Kassandra-Mythos auch nur ein Weg, mich zu dem hinzuführen, was ich seiner Meinung nach wissen musste. In manchen Versionen besteht Kassandras Los einfach darin, nicht verstanden zu werden – ähnlich dem, was mein Vater für das evidente Los eines »gemischtrassigen« Kindes in einer Umgebung wie Mississippi hielt. »Sie war eine Prophetin«, erklärte er mir, »aber niemand wollte ihr glauben.« Mit den Jahren wurde dieser zweite Name für mich jedoch eine schwere Last. Es war, als hätte er mir, indem er mich so nannte, nicht nur die Bürde des Vorhersehens auferlegt, sondern auch die Idee des Verursachens – dass das, was ich mir vorstellen, was ich vor meinem geistigen Auge sehen konnte, passieren würde, *weil* ich es mir ausgemalt hatte. Als hätte ich es hervorgerufen.

Die Sprache der Allegorien und Metaphern unterfütterte unsere Tage. »Wie wär's, wenn du *diesen* Ball zum Spielen hättest?«, fragte er eines Nachmittags und zeigte dabei auf die rote Sonne, die groß am Himmel stand.

»Red keinen Unsinn«, sagte meine Mutter. »Du weißt, sie würde sich die Hände verbrennen.«

Schon damals war mir klar, dass es da zwischen ihnen noch um etwas anderes ging, einen Unterschied in ihrem Bestreben, mich für die Welt zu wappnen. Mein Vater glaubte, dass man – wie es der Dichter Robert Frost anmahnte – eine gründliche Erziehung in figurativer Sprache brauchte. »Was ich aufzeigen möchte«, schrieb Frost, »ist: Wenn du nicht heimisch in der Metaphorik bist, wenn du keine angemessene poetische

Bildung auf dem Gebiet der Metapher erhalten hast, bist du nirgends sicher. Denn du bist nicht souverän mit figurativen Werten: Du kennst nicht die Metapher in ihrer Stärke und ihrer Schwäche … Du bist nicht sicher in der Wissenschaft; du bist nicht sicher in der Geschichte.« Meine Mutter, die auf dem College Literatur und Theater im Hauptfach studiert hatte, muss ebenfalls an die Notwendigkeit der Bildung auf dem Gebiet der Metapher geglaubt haben, und doch war sie die Direkte, weniger interessiert an Abstraktionen und Redefiguren als an praktischeren Lehren, Warnungen vor Gefahren, die ich mir noch nicht vorstellen konnte.

Ich erinnere mich an lange Spaziergänge mit meinem Vater entlang der Bahngleise, an den Klang von Gedichten, die er rezitierte, während ich Blumen oder Brombeeren für meine Mutter pflückte. Wir sammelten Pennys ein, die wir auf die Schienen gelegt hatten, damit die Züge sie platt fuhren, und ich hielt sie im Gehen fest in der Faust, bis in meinen Händen die Erinnerung an jeden Kindheitskratzer und -schnitt war, der vertraute Geruch von Blut. Zu Hause wartete der Corn Pudding meiner Mutter auf uns, war die Küche warm und voller Duft. Auf dem Fensterbrett fing das Glas mit den Blumen, die ich gepflückt hatte, die Nachmittagssonne ein und schloss sie in sich wie abgefülltes

Licht. Alles ein Wunder: Krebse, die Schornsteine bauten, Kügelchen für Kügelchen über ihren Löchern; die Dockanlagen und die mächtigen Lokomotiven, die an der Weiche schlingerten: der Rhythmus von Sprache und die Macht von Worten, zu ändern, was ich sah.

»Schau aus dem Fenster«, sagte mein Vater. Er hatte mich mit einer Wolfshandpuppe und der Geschichte von Rotkäppchen unterhalten. »Siehst du den Wolf da draußen?«, fragte er und zeigte auf meine Großtante Sugar, die augenblicklich verwandelt war: ein Wolf in einem grauen Kleid mit grauem Hut, der aufrecht durch den Wald hinter unserem Haus ging. Selbst meine Mutter, die an der Spüle Erbsen pulte, hatte hinausgeblickt und lachte. Wir waren sicher, nichts dort draußen würde uns ein Leid tun.

Dies war der Ort meines kindlichen Staunens, des flüchtigen Glücks meiner Eltern, meines festen Glaubens, dass mein Leben immer so sein würde wie jetzt, umgeben von der Familie meiner Mutter. Wir wohnten bei meiner Großmutter, gleich neben meiner Großtante Sugar, auf dem kleinen Stück Land, wo das Haus meiner Urgroßmutter gestanden hatte. Sieben Kinder hatte Eugenia McGee dort geboren, in einem bescheidenen, ungestrichenen viktorianischen Holzhaus mit einer umlaufenden Veranda, das schon vor Langem abgerissen worden war. Nur fünf der Kinder erreichten das Erwachsenenalter, und meine Großmutter war noch ein junges Mädchen, als Eugenia starb und das Land an sie und Sugar fiel, die beiden verbliebenen Töchter. Ihre Häuser standen jetzt hier, nur durch den Highway – einst eine Weide – von dem Haus getrennt, das ihr Bruder, mein Großonkel Son, für seine Frau Lizzie gebaut hatte.

In einem größeren Radius um uns herum wohnten Leute, die mit den älteren Mitgliedern meiner Familie aufgewachsen waren und großenteils – wie wir – ihre Familiengeschichte bis in die Zeit zurückverfolgen konnten, als der kleine Stadtteil namens North Gulfport eine Siedlung von ehemaligen Sklaven gewesen war. Es gab ein von mennonitischen Missionaren erbautes Gemeindezentrum, wo ich schwimmen lernte, ein Gebäude der Elks-Bruderschaft, wo Onkel Son seit den Fünfzigerjahren Mitglied war, mehrere Kirchen und ebenso viele kleine Nachtlokale und Schwarzen-Kneipen, darunter Onkel Sons Owl Club, wo meine Mutter als junges Mädchen geholfen hatte, die Platten für die Jukebox auszusuchen, und meine Großmutter an den Wochenenden in der Küche gestanden und Gumbo oder Rote Bohnen mit Reis gemacht hatte. Und es gab auch ein Baseballfeld, wo Sons Team spielte – mein Vater als Fänger, der einzige Weiße im Infield.

Son war groß und gut aussehend, mit einem gepflegten Schnurrbart über perfekten Zähnen, die er beim Reden nicht auseinanderbekam – als klemmte immer eine Zigarre dazwischen. Er trug elegante Schnürschuhe, Feinripphemden und Bügelfaltenhosen, selbst beim Rasenmähen. Er war sehr hell, so hell, dass er fast als weiß durchgehen konnte, und in der Nachbarschaft wurde hinter vorgehaltener Hand spekuliert, dass ein Weißer namens Mr. Griswold – nach dem die Gemeinde ursprünglich benannt worden war – in Wahrheit sein Vater sei und ihm viel von dem Land in North Gulfport übertragen habe, auf dem jetzt Sons Miethäuser standen.

Seine Frau, Tante Lizzie, war ebenfalls sehr hell, eine füllige Frau mit weichen Fleischpolstern, in die ich sank, wenn sie mich in die Arme schloss und an ihren von Talkumpuder weißen, duftenden Busen zog. In den Fünfzigerjahren hatte Son das Nachtlokal gleich neben ihrem Haus gebaut, um bei der Arbeit nicht weit von ihr entfernt zu sein. Er parkte seinen Cadillac in der Einfahrt dazwischen. Anders als die meisten Häuser in der Nachbarschaft war ihres vollklimatisiert, und Tante Lizzie hielt es immer so kühl wie ein Bestattungsinstitut, die Gardinen gegen die Nachmittagshitze zugezogen. Eine große Bibel lag aufgeschlagen auf einem Lesepult, unter Bildern von Jesus, Kennedy und King. Wenn Son an manchen Abenden mit meinem Vater vorn im Wohnzimmer saß, während die Frauen hinten am Küchentisch lachten, lag ich zu seinen Füßen, beeindruckt vom betäubenden Geruch seiner Zigarren, dem Leuchten des in einem Kristallglas geschwenkten Bourbon und dem Klang seiner Stimme, tief und melodisch. Tante Sugars Haus war ein gedrungener, gemauerter Bungalow, ein Bunker mit Lamellenfenstern – *jealousy windows*, Neidfenster, nannte sie sie statt *jealousie windows*. »Der Wolf ist so was von wütend, weil er nicht in mein Haus reinkommt.« Sie hatte es bauen lassen, als sie um die Zeit meiner Geburt in den Ruhestand ging und nach fünfundzwanzig Jahren in Chicago nach Gulfport zurückkehrte. Ihre erste Aufgabe war es, dafür zu sorgen, dass mein Schädel perfekt geformt war, aber nicht nur der Schönheit wegen. In der festen Überzeugung, dass die richtige Kopfform den Wissenserwerb förderte, verbrachte Sugar täglich eine Stunde damit, meinen Kopf mit Öl zu massieren, als formte sie eine Plastik.

1906 geboren, war Sugar zehn Jahre älter als meine Großmutter und hatte sie und die jüngeren Kinder nach dem Tod der Mutter großgezogen, wobei sie sich nicht nur um ihre Schulbildung, sondern auch um ihr Seelenheil kümmerte. Damals, als es nur einen überdachten Unterstand als religiösen Versammlungsort gab, hatte sie dort eine Kirche gegründet, eine Gemeinde, die der Familienlegende zufolge eines Tages zur Mount Olive Baptist Church werden würde, gleich über die Straße von unserem kleinen Stück Land. Obwohl sie einmal verheiratet gewesen war, betrachtete ich Sugar immer als alte Jungfer – nicht mehr an Männern interessiert oder aber schlicht nicht bereit, sich auf einen einzulassen, der, wie sie es ausdrückte,»nicht passte«, der ihr nicht ebenbürtig war.»Heirate nie einen Mann, der nicht so gebildet ist wie du«, erklärte sie mir immer wieder.

In den Geschichten, die ich über sie hörte, war sie die Heldin der Familie, eine, die jedem die Stirn bot, Weiße eingeschlossen, die immer eine scharfzüngige Erwiderung auf deren übliche herabsetzende Äußerungen parat hatte. Einmal, als sie noch eine junge Frau war, rief ihr ein Weißer, der am Haus vorbeiging, zu:»Hey, Auntie« – damals die übliche Anrede von Weißen für jede Schwarze Frau. Ohne das geringste Zögern – ihre Flinte lehnte gleich hinterm Türpfosten an der Wand – entgegnete sie:»Und wann genau hat mein Bruder Ihre Mutter geheiratet?«

Sugar war eins achtzig groß, knochendürr und drahtig, mit langen Fingern, die sich zum Klavierspielen in der Kirche ebenso eigneten wie zum Häkeln von Spitze. Sobald ich groß genug war, um meine eigene kleine Angelrute zu halten, ging sie mit mir an den meisten

Wochenenden auf dem Pier von Gulfport angeln. Wir standen am Samstag kurz vor Sonnenaufgang auf und trafen uns im Garten zwischen den beiden Häusern, um Würmer zu sammeln. Ich hielt die Taschenlampe und sah zu, wie sie mit einem schlanken Finger die weiche Erde aufgrub und Wurm um Wurm herauszog. Draußen auf dem Pier saßen wir nebeneinander, still bis auf ihr leises Summen. Ab und zu spuckte sie Tabaksaft in einen Napf. Um die Geduld hervorzubringen, die ich für unsere Angelausflüge brauchen würde, hatte sie mir zuerst beigebracht, Krebse im Graben entlang des Grundstücks zu fangen. Ich hatte gelernt, ein Stück Fett mit einer Sicherheitsnadel am Ende einer Schnur zu befestigen und durchs schlammige Wasser zu ziehen, wobei ich gespannt hinschaute, obwohl ich wusste, ich würde nicht sehen können, was dort darauf lauerte, zuzupacken.

Obwohl Sugars Ausdrucksweise anders war als die meines Vaters, sprach auch sie in Redewendungen und Metaphern. Um mich in der Kirche dazu zu bringen, nur noch zu flüstern, sagte sie, ich solle leise sein »wie eine Ratte, die auf Watte pisst«. Jedes Geheimnis begann mit »da liegt Schweigen drüber, aber …«. Als sie ihre kleine Hündin Toby nannte, nach dem Hoodoo-Wort für ein Schutzamulett, wie sie mir erklärte, war ich entzückt, fest überzeugt, dass das Hündchen magische Kräfte hatte, ein Gestaltwandler war. Sugar liebte die Psalmen mit ihrer Poesie, sang sie oft bei ihrer täglichen Arbeit vor sich hin. Viele Jahre später, als die Demenz sie daran hinderte, normal zu sprechen, äußerte sie alles, was sie sagen wollte, in den Kadenzen der Psalmen. Lange bevor wir die Anzeichen ihrer Krankheit als solche erkannten, erschien Sugar jeden Tag an unserer Hintertür, sang meinen Namen durch das Fliegengitter und hielt mir auf der flachen Hand drei unreife Feigen hin: eine Gabe. *Warte, sei geduldig,* schienen sie zu sagen, *und Süße wird sich einstellen.* Ohne Worte lehrte sie mich die figurative Kraft von Dingen, ihre übertragene Bedeutung.

Gemeinsam sammelten wir Pekannüsse, wenn sie von den Bäumen im Garten fielen, pflückten Feigen und Persimonen, bevor die Vögel sich darüber hermachen konnten, horteten in der Erntezeit Gläser mit Eingekochtem. Manchmal holte sie staubige Medizinbücher hervor und zeigte mir, woran sie bei ihrer Arbeit in einem Chicagoer Labor geforscht und welche Experimente sie durchgeführt hatte. Ich betrachtete Fotos von ihr im weißen Kittel, wie sie sich über einen Bunsenbrenner beugte oder Reagenzgläser inspizierte. Ihre Geschichten erzählten von der aufregenden Jagd nach Entdeckungen, und ich malte mir die Geheimnisse aus, die das Mischen verschiedener Substanzen, die Anwendung von Hitze und der scharfe Blick eines beobachtenden Auges zu entschlüsseln vermochten. In ihrem Wohnzimmer verschmolzen Wissenschaft und Wahrsagen. Sie deutete die Zeichen, las die Zukunft aus den Sommersprossen auf meiner Haut: »Mal an der Hand heißt Geldnot gebannt, Mal in Nacken heißt Geld in Packen ...«

Diese Nachmittage vergingen köstlich langsam; zur Teezeit servierte sie Eistee mit Buttersandwichs – die braunen Ränder abgeschnitten und in gezuckerter Milch eingeweicht. Alle Tage auf diese Weise versüßt.

Ein Stück die Straße runter verlief die Gulf-&-Ship-Island-Bahnstrecke, die nordwärts nach Jackson führte, neben dem Old Highway 49. Nur wenige Meter vom Haus meiner Großmutter, gleich bei ihrer Einfahrt, lag der neue Highway 45, eine viel befahrene vierspurige Straße, da, wo einst eine Weide gewesen war. Nachts konnte ich von der einen Seite einen Zug hören, das lang gezogene Pfeifen, wenn er sich dem Übergang bei den Four Corners näherte, und von der anderen das Dröhnen eines Sattelschleppers, das die Erde erbeben und unsere Fenster vibrieren ließ. Darin eingebettet, erschien unser winziges Fleckchen Heimat meinen Kinderaugen riesig.

Obwohl Son und Lizzie durch den Highway von uns

getrennt waren, konnten wir ihre Küchenfenster gut sehen und achteten jeden Morgen darauf, ob die Jalousien hochgezogen und die Vorhänge – wenn auch nur bis zum Spätnachmittag – geöffnet waren: ein Zeichen, dass drinnen alles in Ordnung war. Über die Jahre verbrachte ich meine Sommertage damit, zwischen den Häusern hin und her zu wechseln, mal bei Tante Sugar zu Abend zu essen und zu übernachten, mal den Highway 49 zu überqueren, um meine Großtante und meinen Großonkel zu besuchen. Meine Mutter, die als das einzige Kind unter ihnen aufgewachsen war, hatte es genauso gehalten, und sie hatte mich gelehrt, meinen Besuch im jeweiligen Haus anzukünden: durch den für sie entwickelten Klopfcode – ein schnelles, mehrfaches Pochen – an Sugars Tür und das *Ju-huu*, das wir auf den Verandastufen von Sons und Lizzies Haus riefen. Sie liebten mich abgöttisch, diese Alten, so wie sie meine Mutter geliebt hatten, und ich genoss die konzentrierte Aufmerksamkeit, die mir von allen zuteilwurde.

Es gab in der näheren Umgebung kaum Kinder in meinem Alter, und ich verbrachte viel Zeit allein. Wenn ich nicht in meinem Spielzimmer oder draußen für mich war, saß ich still bei den Erwachsenen und sah und hörte zu. Oft waren es die Frauenkreis-Mitglieder der Gemeinde meiner Großmutter, die das Vaterunser san-

gen und über Bibeltexte sprachen. Am allerliebsten sah
ich meiner Mutter zu. Morgens, bevor ich zur Schule
ging, war sie schon früh auf, saß an ihrem Frisiertisch
und steckte ihre Haare hoch. Samstags sah ich zu, wie
sie sich fein machte, um abends mit meinem Vater auszugehen. Groß und anmutig, trug sie Perlenohrhän-
ger oder Goldkreolen, die über ihre Wangen streif-
ten, wenn sie den Kopf drehte. Manchmal trug sie eine
Kamee in der Halskuhle, gehalten von einem schwarzen Samtband. Durch die feine Haarlocke im Nacken
wirkte sie noch zarter, als könnte keine Panzerung eine
so verletzliche Stelle schützen.

Als ich alt genug war, mit meinen beiden Eltern »auszugehen«, über North Gulfport hinaus, etwa in ein
Kaufhaus oder ins Kino, beobachtete ich, wie Weiße
auf uns reagierten. Dass meine Eltern schön waren,
wäre Grund genug gewesen, sie anzustarren. Doch im
Mississippi der späten Neuzehnsechziger und frühen
Neunzehnsiebziger war es erst ein paar Jahre her, dass
die Strände allen offenstanden, wie es das Bundesgesetz
verlangte, und an Schulen im gesamten Bundesstaat
war die Desegregation de facto noch nicht vollzogen.
Der Ex-Gouverneur Ross Barnett überwachte die Gesellschaft auf »interrassische Aktivitäten«, und meine
Großmutter stand auf der Liste der zu beobachtenden

Personen, seit sie 1965 die Hochzeitsanzeige meiner Eltern in der Lokalzeitung zu platzieren versucht hatte. »Rassentrennung« war immer noch gang und gäbe, aus Gewohnheit, wenn auch nicht per Gesetz, und meine Eltern und ich stießen fast überall, wo wir hingingen, auf Feindseligkeit.

Ich merkte es an den Gesichtern der Weißen, denen wir begegneten – daran, wie selbst die netteren den Kopf schüttelten und flüsterten: *So ein niedliches kleines Ding, schade, dass sie Schwarz ist.* Wie andere uns anstarrten und missbilligend schnalzten. Manchmal wurde aus der Feindseligkeit regelrechte Einschüchterung: Jemand folgte uns aus dem Woolworth zum Auto, und meine Mutter fasste meinen Vater am Arm, damit er sich nicht umdrehte und mit dem Mann hinter uns anlegte; jemand anders fuhr langsam an unserem Haus vorbei und starrte uns, als wir auf der Vorderveranda saßen, finster an; drei, vier Männer pöbelten meinen Vater auf dem Heimweg von der Arbeit im Hafen an: *Was ist los mit dir? Warum lebst du unter den* Niggern?

Meine Mutter und meine Großmutter, die immer schon mit dieser Art Aufmerksamkeit lebten, waren Kontrolle und Einschüchterung gewöhnt: Scheinwerferstrahlen, die nachts das vordere Fenster des Hauses absuchten, die sexuell aufgeladenen Zurufe weißer Männer, die am helllichten Tag vorbeifuhren. In den späten Fünfziger- und frühen Sechzigerjahren hatte meine Großmutter mehrere mennonitische Missionare aufgenommen, die nach North Gulfport gekommen waren, um zu unterrichten, die heruntergekommenen Behausungen der Ärmsten instand zu setzen und Seelsorge zu leisten. Wochenlang wohnten diese jungen weißen Missionare bei ihr, und es dauerte nicht lange, bis einheimische Weiße deren Anwesenheit und Tun bemerkten. Zuerst gab es eine Bombendrohung gegen das Bibel-Camp, wo die Mennoniten angeblich die »Rassenintegration« propagierten – das Camp, an dem meine Mutter teilnahm. Dann drohte der Ku-Klux-Klan, die Mount Olive Baptist Church auf der anderen Straßenseite in die Luft zu jagen. Unbeirrt ging meine Großmutter dazu über, mit einer Pistole unterm Kopfkissen zu schlafen. Trotz der Gefahr blieb sie eisern bei ihrer Überzeugung, dass sie dieses Werk tun, ihre Tür der guten Sache öffnen musste. »Eine moralische Verpflichtung« nannte sie es.

Obwohl meine Mutter und meine Großmutter alldem gleich stoisch begegneten, reagierten sie doch verschieden. Meine Mutter lehnte Waffen ab, scheute die Konfrontation; meine Großmutter hingegen betrachtete Waffen als eine Notwendigkeit und erklärte mir unzählige Male, wie man einem Eindringling entgegentrat: »Zuerst einen Warnschuss abgeben«, sagte sie,

»und wenn er dann immer noch näher kommt, auf die Beine zielen, um ihn anzuschießen.«

Diese Worte machten mir erstmals bewusst, dass mögliche Gefahr nicht auf die Welt außerhalb unserer engen Gemeinschaft, des Radius dieser drei Häuser, beschränkt war, sondern direkt auf uns zukommen konnte, hierher in unseren Hof, vielleicht sogar an unsere Tür. Obwohl ich zu klein war, um mich an die Nacht zu erinnern, als der Klan in unserer Einfahrt ein Kreuz angezündet hatte, hörte ich die Geschichte immer wieder, und das Geschehen ist in meinem Gedächtnis so plastisch wie etwas Erlebtes. Ich sehe es wie eine Szene in einer Dokumentation, stumm bis auf den Ventilator im Fenster, ein Schwirren wie von einem alten Filmprojektor:

Die Männer kommen am späten Abend, lange nach dem Essen: Meine Eltern sitzen noch im Wohnzimmer und sehen fern, meine Großmutter und mein Onkel Charlie beenden in der Küche gerade den Abwasch. Sie sind jetzt alle tot, und ich sehe sie sich durchs Haus bewegen wie Geister. Selbst ich bin in dieser Geschichte ein Geist – ein Säuglingsselbst, an das ich keine Erinnerung habe, mein unergründliches Gesicht noch so weiß wie das meines Vaters. Meine Großmutter späht durch die Jalousie hinaus zu der Gruppe – sieben, acht weiß gewandete Männer, die ein mannsgroßes Kreuz schleppen; im

Schlafzimmer wacht meine Mutter über mich, die licht-dichten Vorhänge geschlossen, alle Lampen im Haus aus-geschaltet, sodass uns Dunkel umgibt, bis auf den schwa-chen Schein einer Sturmlaterne in der Ecke; mein Vater und mein Onkel warten lautlos, Gewehre in den Hän-den, im vorderen Zimmer, während draußen das Feuer aufflammt.

Im Haus meiner Großmutter sollte der Akt des Erin-nerns, das Erzählen dieser Geschichte, für meine künf-tige Sicherheit sorgen, für Schutz durch Wissen und die Wachsamkeit, die es mit sich bringt, eine gewisse Hypersensibilität: ein Sträuben der Nackenhaare, wenn ich eine bestimme Art Südstaatenakzent hören würde, ein Anspannen der Rückenmuskeln, wenn ich die Kon-föderiertenfahne oder die Gewehrhalterung auf einem Pick-up sähe, der zu dicht hinter uns herfuhr.

Im engen Kreis der Großfamilie mit ihrer wachsamen Lenkung meines täglichen Lebens fühlte ich mich ge-schützt, abgeschottet gegen rassistische Einschüch-terung und Gewalt, trotz des Gärens um uns herum. Onkel Son fuhr den Schulbus für das Head-Start-Pro-gramm – die kompensatorische Vorschulerziehung – von Mississippi. Er holte mich morgens als erstes Kind ab und setzte mich jeden Nachmittag als letztes ab, da-mit ich ihm auf der Route Gesellschaft leisten konnte.

Meine Mutter arbeitete auch für Head Start, in der Verwaltung, und ihr Büro war gleich neben der katholischen Kirche, wo meine Vorschule stattfand. Meine Großmutter hatte ihren Job in der Vorhangfabrik im Zentrum an dem Tag aufgegeben, an dem ich nach meiner Geburt aus dem Krankenhaus kam, und arbeitete seither zu Hause als Näherin; ihr großer Zuschneidetisch und ihre Nähmaschinen standen im Zimmer neben meinem Spielzimmer, sodass sie auf mich aufpassen konnte, solange meine Eltern noch bei der Arbeit waren.

Manchmal lag ich nach der Schule auf der Ablage unter dem großen Zuschneidetisch, hatte es gemütlich zwischen den Stoffresten, und hörte ihre Radiosendungen mit *Ellery Queen* und *Dark Shadows* – das wohl eine Audio-Fassung der beliebten Fernsehserie gewesen ist. Sie erzählte mir von ihrem Leben als junge Frau, beantwortete Fragen nach meinem abwesenden Großvater scheinbar nüchtern und sachlich. In einer Geschichte darüber, wie sie zum ersten Mal von zu Hause weggewesen und mit ihrem frischgebackenen Ehemann durch Mississippi nordwärts gefahren war, beschrieb meine Großmutter, was sie durchs Wagenfenster gesehen hatte: »Auf beiden Seiten der Straße Felder mit weißen Gladiolen.« Heute verstehe ich die stille Naivität, die darin liegt, und auch das Traurige daran:

Da sie nie Baumwolle hatte wachsen sehen, hielt sie die Pflanzen, die zum Inbild der Plackerei von Sklaven und armen Pachtfarmern geworden waren, für die Blumen der Ehrung und des Gedenkens, die für die Schwerter römischer Kämpfer und die hohen Bordürenbeete von Lustgärten stehen. Sie wusste in dem Moment noch nicht, wie es um ihre Ehe wirklich bestellt war. Auf dieser Reise, erzählte sie mir, erwies sich, dass nichts so war, wie es schien. In meiner Kindheit voller Lektionen in Form von Mythen und warnenden Geschichten war dies eine weitere.

Dadurch, dass ich von so vielen Verwandten umgeben war, fiel die regelmäßige Abwesenheit meines Vaters weniger ins Gewicht. Es gehörte einfach zur natürlichen Ordnung der Dinge, dass er für einige Zeit weg war und ich ihn dann für eine Weile wiedersah, bevor er wieder fortging. Ein Jahr nach meiner Geburt hatte er sich als Offizier bei der Canadian Royal Navy beworben, und nach seiner Offiziersausbildung in British Columbia verbrachte er fast das ganze Jahr 1967 und einen Teil von 1968 auf dem Zerstörer *Centennial*, der zur Feier des hundertjährigen Bestehens Kanadas um die Welt fuhr. Eins der wenigen Bilder von uns dreien zusammen, die ich besitze, ist ein formelles Foto, aufgenommen 1969 im Wohnzimmer meiner Großmutter.

Es ist das letzte Foto, das von uns als Familie gemacht wurde – mein Vater in einem hölzernen Armstuhl, meine Mutter auf der Armlehne sitzend, die langen Beine übereinandergeschlagen, und ich zwischen ihnen, koboldhaft in einem grünen Kleid. Heute sehe ich in diesem Foto den Wunsch meiner Großmutter nach einem feierlichen Zeugnis. Die meisten Fotos, die wir hatten, waren beiläufig gemachte Schnappschüsse, aber für dieses hatte sie einen Fotografen bestellt. Zwei Jahre nachdem der Supreme Court im Verfahren *Loving gegen Virginia* geurteilt hatte, dass Gesetze gegen interrassische Ehen verfassungswidrig waren, schien sie jetzt durch den formellen Charakter eines professionellen Fotos die Legitimität der Verbindung meiner Eltern, die Legitimität unserer Familie in einer Umgebung demonstrieren zu wollen, in der wir immer noch als abartig galten.

Der Fotograf, der für das Foto kam, war beidseitig amputiert. Obwohl meine Mutter mich ermahnt hatte, ihn nicht anzustarren, konnte ich es mir nicht verkneifen, verstohlene Blicke auf den leeren Raum unterhalb seiner Knie zu werfen, wo seine Unterschenkel hätten sein sollen. Als er die Luft an der Stelle eines der fehlenden Schienbeine kratzte, sah ich so gebannt hin, dass er mich ertappte. Er war die rohe Neugier von Kindern offenbar gewohnt. Er beugte sich zu mir und sagte,

kaum lauter als ein Flüstern: »Ich fühle es noch, obwohl es nicht mehr da ist.« Auf dem Foto sieht man, wie
meine Mutter den Zeigefinger auf meinen Arm drückt,
wie um meine Prägung durch sie zu veranschaulichen.
Mein Blick ist auf den Fotografen gerichtet, auf eine
neue Idee von Abwesenheit, von Phantomschmerz –
ohne zu wissen, wie heftig man ihn verspüren kann.

Mein Vater hatte eine andere Art von Feiern im Sinn.
Nach dem *Loving*-Urteil wollte er eine Reise irgendwohin machen, wo unsere unterschiedlichen Hautfar-
ben weniger auffielen, wo meine Mutter sich entspan-
nen könnte. Trotz ihrer Bedenken wegen der Gefahren
einer so langen Reise – mehr als tausend Meilen –
kaufte er einen gebrauchten Lincoln Continental, um
mit uns nach Mexiko zu fahren. Ich erinnere mich vage
an das scheinbar endlose Band von Asphalt, daran, wie
der lange Wagen darüber hinzuschweben schien, während ich auf dem Rücksitz döste. Die Sonne hing tief
und schwer am Himmel, als wir auf sie zufuhren. Es
waren noch drei Jahre bis zum Ende ihrer Ehe, aber
unsere besten Tage zu dritt lagen bereits hinter uns in
der dunkler werdenden Ferne.

Was mir von dieser Reise deutlich in Erinnerung geblieben ist, sich mir eingeschrieben hat, wie traumatische Geschehnisse nun mal eine Karte von Verbindun-

gen im Gehirn anlegen, ist der Moment, als ich im Hotelpool beinahe ertrunken wäre. Mein Vater las ständig, und ich nehme an, er war hineingegangen, um sich ein Buch zu holen, und hatte meine Mutter allein am Pool zurückgelassen, während ich am flachen Ende planschte. Ich weiß nicht, wie ich in den tieferen Teil gelangt war. Gefühlt eine ganze Weile schwebte ich da und blickte durch eine Decke von Wasser nach oben, wo die Mittagssonne kaum zu sehen war. Ich erinnere mich nicht, Angst gehabt zu haben, als ich tiefer sank, nur, dass mich faszinierte, was ich durch diese seltsame, wabernde Linse sah: meine Mutter, die nicht schwimmen konnte, über den Beckenrand gebeugt, die Arme nach mir ausgestreckt. Sie war genau vor der Sonne, und was nicht von meiner Mutter verdeckt wurde, leuchtete um ihren Kopf herum – ihr Gesicht wie eine ringförmige Sonnenfinsternis, dunkel mit einem Kranz von Licht.

Ich habe nur ein einziges Foto als Dokument unserer Reise. Darauf bin ich allein zu sehen. Hinter mir, in der Ferne, sind Berge, und ich sitze auf einem Muli. Auf der Rückseite steht in der eleganten Handschrift meines Vaters: »Tasha, Monterrey 1969.« Von allen Fotos aus meiner frühen Kindheit zeigt dieses – jetzt kann ich das erkennen –, was meine Eltern mir jeweils auf ihre Art vermitteln wollten. Mein Vater hatte die Idee gehabt, mich auf dieses Muli zu setzen – mein Vater, sich seiner Metaphern aus der Tierhaltung möglicherweise gar nicht bewusst, der mich in einem seiner Gedichte als *Kreuzung* bezeichnet hatte. Das Foto war vielleicht seine Art von Wortwitz: der visuelle Gag eines Mixed-Kindes auf seinem Namenspatron, dem Tier, von dem das Wort *Mulatte* stammt.

Meine Mutter, die sehr wohl um die Bedeutung dieser visuellen Metapher wusste, kann sie nicht witzig gefunden haben. Einig waren sie sich wohl nur darin, dass ich sie verstehen musste: *Du bist nicht sicher in der Wissenschaft; du bist nicht sicher in der Geschichte.* Was auch immer meine Mutter an Hoffnung gehabt haben mochte, als sie beide frisch verliebt waren und glaubten, Liebe würde genügen, um den Herausforderungen des Rassismus zu begegnen, mit denen ich konfrontiert sein würde, hatte das Land sie doch inzwischen eines Besseren belehrt: Liebe allein würde mich nicht schützen. Meine Mutter wusste, als Mixed-Kind – in der Mitte zwischen ihnen – würde ich letztlich allein sein auf der Suche nach meinem Selbstverständnis, meinem Platz in der Welt, und doch belastet mit den unsichtbaren Bürden der Geschichte, der Fracht der Metaphern. Und sie wusste auch, Sprache würde benutzt werden, um mich zu benennen und dadurch einschränken zu können – *Mischling, Mulattin, Halbblut, Nigger* –, und wie auf dem Rücken des Mulis würde ich daran gebunden sein und gleichzeitig dadurch angetrieben werden. Meine Mutter wollte nur, dass ich nicht daran zerbrach.

Nach der Mexiko-Reise begann mein Vater sein Vollzeit-Graduiertenstudium und war dadurch unter der Woche weg, in New Orleans, wo er sich mit einem anderen Studierenden eine Wohnung teilte. Obwohl ich ihn vermisste, verwandelte ich meine Sehnsucht nach ihm in Launenhaftigkeit meiner Mutter gegenüber. Ich bezog mich auf sie mit der ganzen Intensität eines Einzelkinds mit nur einem Elternteil – mal possessiv und dann wieder verschlossen, als könnte ich ihr durch einen gewissen Liebesentzug mehr Liebe entlocken.

An den Wochenenden wechselten sich meine Eltern mit dem Besuchen ab. Die Fahrt von Gulfport nach New Orleans dauerte nur eine gute Stunde. Obwohl wir sie oft gemacht hatten, lernte meine Mutter nie wirklich, wie man vom Highway in die City kam. Sie nahm die Ausfahrt Vieux Carré von der I-10, und mein Vater erwartete uns am Ende der Abfahrtsrampe. Ich sah ihn dann mit erhobenem Daumen dort stehen und so tun, als trampte er, und kurz war es, als wäre er ein Fremder, jemand, für den meine Mutter an einem Ort, den sie kaum kannte, hilfsbereit anhielt. Wenn ihr Geburtsort irgendetwas in ihr auslöste – ein Gefühl der Vertrautheit oder Sehnsucht –, sagte sie es nie. Manchmal glaube ich, dass da ihr Schweigen begann, als hätte sie an einem Ort, dessen Name »Altes Karree« bedeutet, wie in einer Kiste eine Vergangenheit weggesperrt, die zu schmerz- oder schambefrachtet war, um sie an mich weiterzugeben.

Das weiß ich über sie: Gwendolyn Ann Turnbough wurde 1944 in New Orleans geboren. Als sie im Juni jenes Jahres zur Welt kam, war meine Großmutter fast dreißig, machte an einer Fachschule eine Ausbildung zur Friseurin und wohnte im French Quarter, um in der Nähe des Hafens zu sein, von dem ihr Ehemann Ralph mit seiner Marineeinheit verschifft worden war. Laut meiner Großmutter setzten die Wehen ein, bevor der Arzt eintreffen konnte, und so brachte sie meine Mutter allein zur Welt. Dreißig Minuten lag sie neben dem Neugeborenen, durch die Nabelschnur verbunden, bis der Arzt kam und sie durchtrennte. Noch lange nach dem Tod meiner Mutter beschrieb meine Groß- mutter den Schmerz an ihrem Nabel: Phantomschmerz an jener Stelle, die für dieses Verbundensein stand.

Der Rest der Geschichte ist wie ein Omen. Mein Großvater war nur zwei Tage vor der Geburt meiner Mutter in See gestochen, und keine Woche später reiste seine Mutter Narcissus von Mississippi nach New

Orleans, um zu prüfen, ob das Neugeborene ihr legitimes Enkelkind war. Das war zugleich der Eintritt der Figur des Narziss in unsere Familienmythologie – in diesem Fall als eine eitle, koloristische Frau, die weiß aussah und nicht glauben konnte, dass ihr Sohn eine so dunkle Person wie meine Großmutter geheiratet hatte. Narcissus Turnbough wollte sich im Gesicht meiner Mutter gespiegelt sehen. Und sie wollte auch sehen, ob meine Mutter das hatte, was in ihren Augen ein Familienmerkmal war: ein rotes Muttermal im Genick, das sie selbst all ihren Kindern vererbt hatte. Meine Mutter hatte das Mal tatsächlich, doch statt von der untilgbaren Verbindung zwischen ihnen überzeugt zu sein, warf Narcissus einen Blick auf meine braunhäutige Mutter, drehte sich um und ging.

Trotz dieser Ablehnung schien es zunächst, als wäre meine Mutter in eine glückliche Ehe hineingeboren worden: ihre Mutter in sie vernarrt, ihr Vater auf See nervös auf Nachricht wartend. Auf dem kurz danach aufgenommenen Foto von Mutter und Kind zeigt meine Großmutter ihr breites Lächeln, die Zähne weiß und regelmäßig. Sie sitzt draußen in einem Korbsessel und hält das ins Wickeltuch gehüllte Baby an ihr Gesicht – eine Geste des Mutterglücks. Doch das Foto enthält auch schon die Andeutung einer anderen Geschichte. Ich finde sie im hohen Gras, das die Knöchel meiner Großmutter umspielt, die Halme gebeugt wie von Wind. Ich höre das warnende Sprichwort wie ein Flüstern aus dem Bild, mit wissender Stimme: *Lass nicht das Gras unter deinen Füßen wachsen.* Ein knappes Jahr nach der Geburt meiner Mutter erfuhr meine Großmutter, dass Ralph eine Ehe mit einer anderen Frau eingegangen war. Ihr blieb nichts anderes übrig, als die Scheidung einzureichen, ihre Sachen zu packen und mit dem Zug heim nach Mississippi zu fahren, meine Mutter auf dem Schoß. Hätte meine Großmutter die Zeichen gedeutet, hätte sie es vielleicht kommen sehen, vielleicht schon früher gemerkt, dass nichts so war, wie es schien. Ihre Ehe endete, wie sie begonnen hatte, mit einer Reise und Fenstern, durch die sie die Welt vorbeiziehen sah.

Danach sah meine Mutter ihren Vater nur ein einziges Mal. Laut meiner Großmutter befand meine Mutter mit sechzehn, dass sie ihn treffen wollte – vielleicht, um ihn zu fragen, warum er getan hatte, was er getan hatte. Da lebte er in Kalifornien, noch immer mit der Frau verheiratet, mit der er Bigamie begangen hatte, und meine Großmutter arrangierte, dass meine Mutter allein mit dem Zug nach Los Angeles fuhr. Sie war eine gute Woche weg, und nach ihrer Rückkehr sprach sie nie mehr von ihm, weder mit ihrer Mutter noch mit mir.

Ich kannte diese Geschichte als Kind, wusste, dass das Leben meiner Mutter damit begonnen hatte, verlassen zu werden, dass sie es sich auf dieser Reise noch einmal vor Augen geführt hatte und dass sie mit einer ständigen Erinnerung daran aufgewachsen war: Meine Großmutter hatte ein Porträt von Ralph Turnbough hinter der Tür am Ende des langen Gangs in ihrem Haus hängen, eine Kohlezeichnung von einem Straßenkünstler am Jackson Square im French Quarter. Darauf trägt mein Großvater seine US-Navy-Uniform. Er sieht wahnsinnig gut aus – hohe Wangenknochen, wohlgeformtes Kinn und volle Lippen – Züge, in denen ich die meiner Mutter wiedererkenne. Vielleicht war diese Ähnlichkeit ja der Grund, warum sich meine Großmutter nie von dem Bild hat trennen können. Obwohl es nicht direkt in Sicht hing, war es doch da – und Ralph Turnboughs Abwesenheit auf eine spukhafte Art immer gegenwärtig, als verriete er Frau und Tochter jeden Tag aufs Neue. Sooft ich auf dem Weg zum Bücherregal durch die Tür trat, über die Schwelle, die ich im Traum gesehen hatte, wurde auch ich erinnert.

In New Orleans waren meine Mutter und ich selten allein unterwegs, obwohl sie gelegentlich mit mir in Downtown shoppen ging, während mein Vater an seinem Arbeitsplatz auf dem Campus oder in der Bibliothek arbeitete. Wir fuhren mit der Straßenbahn von der Wohnung meines Vaters in Uptown die Saint Charles Avenue hinunter. Meine Mutter liebte die großen Häuser an der St. Charles mit ihren weißen Säulen, ihren von der Straße zurückgesetzten Veranden hinter grünen Sträuchern und leuchtenden Bougainvilleen, ihren Schmiedeeisenzäunen, gekrönt von schwarzen Fleurs-de-Lis. Während der Fahrt blickte sie ab und zu von dem Roman auf, den sie gerade las, um mir ihre Lieblingshäuser zu zeigen. Ich bestaunte die ewigen Flammen der flackernden Gaslampen, die eleganten Eisenkäfige, die sie hinter Glas hielten, und fragte mich, wie wohl die Leute in solch vornehmen Häusern lebten.

Downtown stießen wir nie ins Quarter vor, sondern verbrachten Stunden in den Kaufhäusern an der Canal Street: Maison Blanche, Godchaux's, D.H. Holmes. Meine Mutter studierte die ausgestellten Kleider, und dann gingen wir die Canal hinunter zu einem Kurzwarengeschäft, ein Schnittmuster von Vogue oder Butterick kaufen, für ein selbst genähtes Kleid oder Kostüm. Ihr Schrank war voller Kleider, die sie und meine Großmutter genäht hatten, und ich mochte es, wie sie sich anfühlten, wie ihnen ein Hauch von ihrem Parfüm anhaftete. Wenn ich mit meinem Vater Verstecken spielte, verkroch ich mich oft in diesem Schrank und atmete den Geruch von Wolle und Lavendelsäckchen.

Während sie die Schnittteile auslegte und auf dem Stoff feststeckte und mit der Zackenschere die Ränder entlangschnitt, ging ich allein nach draußen und erkundete die Umgebung der Wohnung meines Vaters: die rissigen, hubbeligen Gehwege, die bloß liegenden Wurzeln uralter Eichen, das Tropfen von Klimaanlagen in den Fenstern, den dumpfigen Geruch von Moos auf dem Pflaster, wo Nacktschnecken ihre dahinschwindende Signatur hinterließen. Eines Nachmittags stieß ich nur eine Straße weiter auf eine Gruppe von Kindern, nicht viel älter als ich. Sie feierten einen Kindergeburtstag, und als ich langsam vorbeiging, in der Hoffnung, sie würden mich einladen, auf das Grundstück zu kommen und mitzuspielen, zeigte einer der größeren Jungen auf mich und rief: »Zebra! Gebt's ihr!« Er war als Erster bei mir, und als er mich schubste, stieß ich ihn zu Boden und rannte weg. Sie verfolgten mich zu zehnt fast bis ans Ende des Blocks.

Ich hatte dieses Wort – *Zebra* – noch nie in Bezug auf mich gehört, und als ich auf den Stufen zur Wohnung meines Vaters saß und der Metapher nachspürte, beschloss ich, meinen Eltern nichts zu sagen. Glaubte ich, sie damit zu schützen? Oder war es etwas anderes, das mich veranlasste, zu schweigen? Ich tat mir nicht leid – ich hatte mich ja gewehrt –, aber irgendwie wusste ich, ich musste mit diesem Wissen allein klarkommen.

Solange ich denken kann, hatte mein Vater mir erklärt, ich müsste eines Tages Schriftstellerin werden, ich hätte aufgrund meiner Erfahrung etwas Wichtiges zu sagen. Rückblickend scheint mir dies der Moment, in dem ich zum ersten Mal ahnte, was er meinte. Ich saß lange dort, den Blick auf eine schwarze Nacktschnecke gerichtet, die gekrümmt vor mir auf dem Pflaster lag wie ein Komma.

Ich weiß nicht, wie lange danach es begann, dass wir immer seltener nach New Orleans fuhren, um meinen Vater zu sehen. Heute scheint mir, dass meine Eltern sich hauptsächlich *meinetwegen* besuchten, vielleicht, um mich auf die bevorstehende Trennung und Scheidung vorzubereiten. *Du hast das Beste von beiden Welten*, versicherten sie mir, und die dauerhafte Trennung bedeutete, dass ich zwei elterliche Haushalte haben würde, *zwei* Zuhause. Bei einem unserer letzten Besuche machte mein Vater eine Zeichnung: Es war eine nicht maßstabsgetreue Karte der Route zwischen New Orleans, Mississippi und Atlanta, mit Pfeilen in beide Richtungen – der Reisezyklus, der unser Vater-Tochter-Leben bestimmen würde. Unten stand seine Adresse, und daneben waren die Hände und der kleine runde Kopf eines Cartoon-Männchens, wobei man nur die Augen und die obere Gesichtshälfte sah – als spähte es über den Rand der Karte, um mich ausfindig zu machen. Sooft mein Vater mir einen Brief schrieb, war da das Männchen, ein Stellvertreter, irgendwo auf der Seite.

Es dauerte lange, bis mir bewusst wurde, wie komplett ich das Narrativ meiner Eltern über meine Situation akzeptiert hatte, ihre festen Beteuerungen. Die meiste Zeit meines Lebens habe ich mir eingeredet, dass mir diese Trennung nichts ausmachte, dass sie auch damals schon kein Problem für mich war. Heute weiß ich, dass das nur die erste von vielen Geschichten war, die ich mir über die Jahre erzählen musste.

Eins der letzten Fotos aus dieser Zeit zeigt mich und meine Mutter etwa ein Jahr, bevor wir aus Mississippi wegzogen. Vielleicht ist mein Vater ja auch da, hinter der Kamera. Vielleicht auch nicht. Auf dem Foto sind meine Mutter und ich beide lila angezogen: sie im Paisley-Kleid, ich im Samtkittelkleidchen. Sie trägt seit Kurzem einen Afro, eine rötliche Corona um den Kopf. Wir sind im Wohnzimmer bei meiner Großmutter, und sie sitzt in einem breiten Sessel. Ich stehe dicht bei ihr, an ihre Schulter gelehnt, sodass sich unsere Gesichter beinahe berühren. Den Kopf zur Seite geneigt, sieht sie mich mit liebevoller Bewunderung an, und ich lächle scheu, schaue weg. Um meinen Hals hängt ein herzförmiges Medaillon: »Deine Gesichtsform«, sagte sie oft, mein Gesicht mit beiden Händen haltend.

Mitten in ihrem Gesicht ist ein Bildfehler, ein weißer Fleck, was aussieht, als ob sie bereits zu verschwinden beginnt. Wenn man diesen Fleck jedes Jahr verdoppeln würde, zwölf Jahre lang – ab unserer Ankunft in Atlanta –, wäre sie am Ende dieser Zeit ganz weg: Nur die leere Stelle, wo sie war, wäre noch da, ein Loch, geformt wie ihr Afro oder wie die Sonne.

2.

TERMINUS

Lange Zeit habe ich versucht, die Jahre zwischen 1973
und 1985 so gut wie möglich zu vergessen. Ich wollte
diesen Teil meiner Vergangenheit beseitigen – ein Akt
der Selbsterschaffung, durch den ich nur aus dem bestehen würde, was ich mir bewusst an Erinnerungen
aussuchte. Ich beschloss, das Kalenderjahr im An-
schluss an Mutters und meinen Wegzug aus Mississippi
als *Ende* zu markieren und den Moment, in dem ich sie
verlor – ihren Tod – als *Anfang*.

Diese beiden Jahre würden wie die Buchstützen sein,
die ich damals auf meinem Schreibtisch hatte: zwei
kleine, mit einer sepiafarbenen Weltkarte bedruckte
Globen, die einige wenige Lieblingsbücher zwischen
sich hielten – *Sturmhöhe, Der große Gatsby, Licht im
August*. In meinem Bemühen, willentlich zu verges-

sen, würde ich den Abstand zwischen den Buchstützen eliminieren, sodass das Jahr, in dem die Welt meiner glücklichen frühen Kindheit endete, direkt an die neue Welt stieß, in die ich plötzlich als mutterloses Kind eintrat. Die Jahre 1973 und 1985 nebeneinander, keine Bücher dazwischen, keine Seiten, auf denen die Geschichte stand, an die mich zu erinnern unerträglich war. Doch das willentliche Vergessen birgt eine Gefahr: Es kann zu viel verloren gehen. Es war schwerer für mich, mir meine Mutter wieder zu vergegenwärtigen, als ich es am nötigsten hatte.

Natürlich bestehen wir auch aus dem, was wir vergessen, was wir für immer zu begraben oder zu verdrängen versucht haben. Ein gewisses Maß an Vergessen ist nötig, und die Psyche tut, was sie kann, um uns vor Dingen abzuschirmen, die zu schmerzhaft sind; dennoch leben Aspekte des Traumas im Körper weiter und können von dort unerwartet wieder auftauchen. Selbst als ich die Vergangenheit tief zu begraben versuchte, kamen immer wieder Momente jener verschütteten Jahre hoch, drangen ungebeten in mein Bewusstsein. Diese Erinnerungen – manche quälend, andere schön – scheinen eine über sich hinausweisende Bedeutung zu haben, wie Markierungen an einem Weg. Es ist ein Weg, den ich nur deshalb jetzt sehen kann, weil ich ihm zurück gefolgt bin, auf der Suche nach einem Enthüllungsmoment, Evidenz dafür, dass etwas in Gang gerät. Es gibt eine solche Szene aus den ersten Monaten, nachdem meine Mutter und ich nach Atlanta gezogen waren.

Es ist Winter, früher Abend, und ich schaue zu, wie sie die Sachen, die sie beim Studium getragen hat, auszieht und sich für die Arbeit anzieht. Ich kann sie von dem Kämmerchen aus sehen, das mein Zimmer ist, ein begehbarer Kleiderschrank, angrenzend an ihr Schlafzimmer und kaum groß genug für mein Einzelbett. Die Narzissen, die ich auf dem Heimweg von der Schule für sie gepflückt habe, sind in ihrem Frisierspiegel verdoppelt. Ich sehe ihr zu, während der Himmel dunkel wird und die Straßenlaternen jenseits des Fensterchens über mir angehen. Es muss noch jemand in der Wohnung sein, jemand, der auf mich aufpassen soll, solange sie weg ist, aber an diesen Teil erinnere ich mich nicht. Ich weiß nur, ich werde schlafen, und am Morgen wird sie wieder da sein. Also bleibe ich wach, bis sie geht, in der Uniform, die sie bei ihrem Job als Kellnerin in Underground Atlanta tragen muss: schwarzes Leotard und schwarze Jeans, ein schwerer Patronengürtel tief auf den schmalen Hüften. Ich sehe es jetzt so deutlich, meine junge Mutter, die sich über mich beugt, um mir einen Kuss zu geben, wobei das kalte Metall der Patronen meine Hand streift – ihr Körper umfangen von dem, was ihr Verderben sein wird.

Im Spätsommer 1972 verließen meine Mutter und ich Mississippi endgültig. Ich sah zu, wie die Kiefern draußen vorbeiglitten, und sang mit dem Radio mit. In meiner Erinnerung ist es immer derselbe Song, »Just My Imagination« von den Temptations, obwohl ich weiß, dass das nicht stimmen kann. Der Song war bereits 1971 herausgekommen und wäre nicht mehr oft gespielt worden, schon gar nicht eine Ganztagesfahrt lang immer wieder. Ich hatte sie ihn vor unserem Umzug so viele Male singen hören, über dem Bügelbrett hin- und herschwingend, die Nachmittagssonne im Rücken, dass ich sie noch heute in diesen Moment versetze – so, wie sie die Nadel des Plattenspielers immer wieder neu aufsetzte. Es ist eins meiner wenigen Erinnerungsbilder, in denen sie ganz und gar lebendig wirkt, ohne den Schleier, der in den meisten anderen Erinnerungen über ihr hängt – der Schleier, durch den ich alles sehe. Es ist, als wäre das, was kommen würde, schon vor uns ausgelegt, als läge unser Schicksal in der Geografie, auf die wir so unbekümmert zufuhren.

Meine Mutter hatte schon länger darüber nachgedacht, Mississippi zu verlassen, schon vor meiner Geburt. In Briefen an den Mann, der mein Vater werden würde, beklagte sie ihr Verlangen, wegzugehen, obwohl doch so viel zu tun war, um die »Rassenbeziehungen« und die Möglichkeiten für Schwarze im

Bundesstaat zu verbessern. »Ich will hier raus«, schrieb sie, »aber ich weiß, mein Staat braucht mich.« Ende des Sommers 1964 muss ihr Wunsch, an einen besseren Ort zu gehen, schon stark mit ihrem Willen zu bleiben konkurriert haben. Es hatte ihr wohl die Augen geöffnet, außerhalb von Mississippi zu sein, einige der Geschehnisse jener Monate aus der Entfernung zu verfolgen, aus größeren Städten im Süden. Auf einer Postkarte mit der lichterfunkelnden nächtlichen Skyline schrieb sie meinem Vater: »Atlanta ist interessant ... Erinnere mich dran, dir davon zu erzählen.«

Kein Wunder, dass sie sich von dieser Stadt angezogen fühlte, die ein Sinnbild für die Entstehung des Neuen Südens war. In der Zeit der Bürgerrechtsbewegung erwarb sich Atlanta den Ruf, in der »Rassenfrage« progressiv zu sein, und im Gefolge der unruhigen Neunzehnsechzigerjahre nannten es Kommunalpolitiker – ganz ohne Ironie – die »Stadt, zu beschäftigt zum Hassen«. Lange davor hatte diese Stadt jedoch einen anderen Namen. Gegründet im Jahr 1837, begann Atlanta als »Endstation«. Als geplanter Eisenbahnknotenpunkt hieß es zunächst *Terminus*.

Ich erinnere mich, wie wir dort ankamen. Wir waren den ganzen Tag gefahren, wobei der Kofferraum mit unserer gesamten Habe fast auf dem Asphalt schleifte. Als wir auf der Interstate 20 die Vororte erreichten, schien die Skyline von Atlanta plötzlich über den Bäumen aufzutauchen. In der schräg einfallenden Spätnachmittagssonne wirkte sie zweidimensional, ein dunkler Scherenschnitt vor dem leuchtenden Himmel. Wenn meine Mutter so etwas wie ein idealisiertes Postkartenbild sah, ist dies der Punkt, an dem unsere Narrative der Reise auseinandergehen. »Die Fahrt war gut«, schrieb sie in einem Brief an meinen Vater, »nur acht Stunden.« Mehr nicht. Doch in meiner Erinnerung verlief die Fahrt keineswegs so glatt, wie sie es darstellte. Vielmehr verfolgt mich eine Erinnerung an Rauch, der unter der Motorhaube hervor in Richtung Skyline quillt. Ich weiß, dass das passiert ist, aber wann? Vielleicht habe ich ja durch das Trauma jener Jahre die Zeit eliminiert und die Geschehnisse der folgenden Wochen mit dem Tag unserer Ankunft verschmolzen. Oder vielleicht hat ja meine Mutter, wie sie es oft tat, ihre wahre Situation verheimlicht. In diesem Fall kann ich mir den Grund denken: Mein Vater war immer hinter ihr her gewesen wegen der Autowartung, des Ölwechsels und der Flüssigkeitsstände. Er sollte wohl nicht wissen, dass sie sich nicht sorgfältig genug darum gekümmert hatte, noch dazu bevor sie mit mir eine lange Fahrt machte.

Das ist es, was ich in Erinnerung habe: meine Mutter, die den Motor abstellt, das Lenkrad fest umfasst und den Wagen auf den Randstreifen rollen lässt. Als wir standen, sah ich, wie sie sich bekreuzigte und lautlos die Lippen bewegte. Die Geste war mir vertraut – die Nonnen bei Head Start hatten sie gemacht –, aber ich wusste nicht, warum meine Mutter, die doch baptistisch erzogen worden war, sie jetzt machte. Es sollte über zehn Jahre dauern, bis ich erfuhr, dass sie zum Katholizismus konvertiert war, obwohl ich sie über die Jahre oft das Kreuz schlagen sah: etwas, das ich eher für einen Schutzzauber hielt als für Beten.

Lange, so schien mir, standen wir an der Leitplanke und warteten auf Hilfe. Meine Mutter drückte mich fest an sich, während Autos an uns vorbeirasten. Sie trug den limettengrünen Jumpsuit, den ich so mochte: kurze Hose und ein breiter Gürtel um ihre schmale Taille. Darin sah sie aus wie eine Comic-Heldin – eine Mischung aus Wonder Woman und Lois Lane, Amazonenkriegerin und gescheitem Karriere-Girl, verliebt in die Idee eines Superman, der herabgeschossen käme, um die Lage zu retten. Ich klammerte mich an sie, presste die Wange an den gerippten Stoff und blickte hinauf zu der Stadt auf ihrem fernen, hügeligen Grund. Während der Rauch vom Wagen in Richtung Skyline aufstieg, konnte ich nicht gegen den Gedanken an, dass jeden Moment alles, was wir hatten, in Flammen aufgehen würde.

Vielleicht ist das ja der Trick, den die Psyche anwendet, um vergangenen Geschehnissen Sinn zu verleihen: einen Erzählfaden zu finden, rückblickend die Zeichen zu deuten, die man damals nicht beachtet hat. In der Zeit, bevor wir aus Mississippi wegzogen, hatte ich oft geweint, mir im Stillen gewünscht, wir würden nicht weggehen, es würde etwas passieren, das unsere Pläne änderte, und wir würden bei meiner Großmutter wohnen bleiben, in der Nähe meines Vaters und der erweiterten Familie. Jetzt, da ich den Abschleppwagenfahrer mit seinem Feuerlöscher und die Aufregung meiner Mutter beobachtete, fühlte ich mich irgendwie verantwortlich für unsere Notlage, als hätte mein Verhalten Unglück über uns gebracht.

Ich war ohnehin schon ein abergläubisches Kind: Ich vermied es, auf Risse im Gehweg zu treten, wich, wenn meine Großmutter fegte, dem Besen aus, damit er meine Füße nicht berührte, spuckte auf ihn, wenn er es doch tat, warf Salz über meine Schulter, wenn ich an Tante Sugars Tisch welches verschüttete, sagte bestimmte Sätze, um das Unglück abzuwehren, das ganz bestimmt auf etwas folgen würde, was ich absichtlich oder – schlimmer noch – versehentlich getan hatte; alles Mittel, um, wie Tante Sugar sagte, »den Teufel in Schach zu halten«. Ich war auch leicht zwanghaft auf die Art, wie es viele Kinder sind. Meine Spielsachen mussten auf eine ganz bestimmte Weise angeordnet sein, im richtigen Winkel und in exakten Abständen. So penibel war ich dabei, dass ich es merkte, wenn jemand meine Sachen angerührt hatte. Seit ich gelernt hatte, mir die Schuhe zuzubinden, war ich besessen von Symmetrie, mussten die Schnürsenkel genau gleich stramm gebunden sein. Manchmal band ich sie immer wieder, nur um es perfekt hinzubekommen. Dahinter steckte bereits das Gefühl, dass zumindest das etwas war, das ich kontrollieren konnte.

Es gibt die kognitionstheoretische Meinung, dass normale intrusive Gedanken, wenn sie fehlinterpretiert werden, zu Zwangsvorstellungen und Zwangsverhalten führen können und dass möglicherweise ein Zusammenhang zwischen solchen Verhaltensweisen, kindlichem Aberglauben und Umgebungsfaktoren – etwa Traumata wie Scheidung, Umzug oder Verlust einer geliebten Person – besteht. Ich weiß nicht genau, wann mein normaler kindlicher Aberglaube etwas Obsessiverem wich. Wahrscheinlich war es kein einzelner Moment, sondern ein kumulativer Prozess, und vielleicht eskalierte es ja in jenen ersten angespannten Minuten am Straßenrand in einer fremden Stadt, weil meine Angst zur Fehlinterpretation führte: zur Idee der Kausalität. Während ich dort stand, an meine Mutter geklammert, hob ich zwei Finger ans Gesicht und fuhr, von meiner Stirn ausgehend, die Umrisse von Nase und Mund nach – immer wieder, um es genau richtig hinzubekommen, ausgewogen, der Druck auf beiden Seiten absolut symmetrisch. Als meine Mutter sich bei der Ankunft des Abschleppwagens bekreuzigte, muss meine Geste wie eine missglückte Imitation der ihren gewirkt haben.

Das Atlanta, in das wir kamen, war eine Stadt mitten im demografischen, sozialen und politischen Umbruch. Erst ein Jahrzehnt zuvor war die »Rassentrennung« an den Schulen offiziell aufgehoben worden. Die physischen Barrikaden, die im südwestlichen Atlanta errichtet worden waren, um Schwarze daran zu hindern, in weiße Wohnviertel zu ziehen, waren per Gerichtsbeschluss beseitigt worden, und die bis dahin zögerliche Flucht weißer Einwohnerinnen und Einwohner in die Vororte hatte sich erheblich beschleunigt. 1960 hatten Schwarze weniger als ein Drittel der Stadtbewohner ausgemacht, aber 1970 stellten sie schon über die Hälfte. In einer ehemals weißen Enklave fand meine Mutter eine Wohnung für uns: eine Doppelhaushälfte nicht weit von der Grundschule, in die ich gehen sollte – die Venetian Hills Elementary.

Ein Foto der siebten Klasse im Jahr 1962 zeigt ausschließlich weiße Gesichter. Bei meiner Einschulung im Herbst 1972 war in meiner Klasse kein einziges weißes Kind, und ich erinnere mich auch nicht, an der übrigen Schule eins gesehen zu haben. Die meisten Lehrkräfte waren Schwarz, bis auf eine Handvoll Weiße, die nicht weggegangen waren, um in den Vororten zu unterrichten. Diejenigen, die geblieben waren, und die neu eingestellten Schwarzen Lehrkräfte gingen positiv auf die veränderte Schülerschaft ein, indem sie einen Lehrplan übernahmen, der den historischen und kulturellen Beiträgen von Afroamerikanerinnen und -amerikanern Platz einräumte, und zwar das ganze Jahr über, nicht nur im Black History Month. Lediglich die Dick-und-Jane-Leselernbücher, die noch aus dem Jahrzehnt vor der Desegregation der Schule stammten, zeigten eine Version der Welt, in der Schwarze nicht vorkamen.

Die Wände der Venetian Hills zierten Bilder von berühmten Schwarzen Männern und Frauen: Ida B. Wells, James Weldon Johnson, Langston Hughes, Mary McLeod Bethune. Jeden Tag, nachdem wir schreiben geübt, auf unseren linierten Blöcken die Buchstaben geformt hatten, hörten wir mit Begeisterung ihre jeweilige Geschichte. Wir sangen von John Henry und seinem Hammer, sagten mit unserer Lehrerin Dunbars Dialektgedichte auf, spielten Johnsons »Die Schöpfung« mit den Händen nach: *Und das Licht, das verblieb von der*

Schöpfung der Sonne/ Gott raffte es zu einem leuchtenden Ball/und schleuderte es gegen das Dunkel/ sprenkelnd die Nacht mit Mond und Stern'. Es war, als umgäbe mich in der Schule eine andere Schar von Vorfahren, und ihr warmer Abglanz pufferte uns Kinder gegen die tägliche Erinnerung an die Geisteshaltung von Weißen, die lieber von hier weggezogen waren, als neben uns zu wohnen und ihre Kinder mit uns in die Schule zu schicken. In der Morgenversammlung sangen unsere Lehrkräfte mit uns die Schwarze Nationalhymne »Lift Every Voice and Sing« genauso inbrünstig wie wir »The Star-Spangled Banner« schmetterten, die Hand auf dem Herzen.

Die Schule war der erste Ort, an dem ich anfing, mich zu Hause zu fühlen. Ich konnte allein zur Schulbushaltestelle und von dort nach Hause gehen, und am Nachmittag hüpfte ich verträumt vor mich hin und pflückte Blumen, die am Gehweg wuchsen, Schwarzäugige Susanne oder gelbe und weiße Narzissen, während meine Mutter zu Hause auf mich wartete. Es war nicht so viel anders als zuvor in Mississippi, wenn mein Vater unter der Woche zum Studium fort gewesen war: wir beide fürs uns.

Aber mich an unser neues Heim zu gewöhnen, war schwer, und ich schlief schlecht. Die zweistöckige Wohnung schien riesig und leer. Im Erdgeschoss, hinter der langen Treppe, war eine Nische, die nachts wie der Eingang zu einer Höhle wirkte. Das genügte, um die Kinderängste zu verstärken, die ich schon vor unserem Umzug in Mississippi entwickelt hatte und die sich immer darum drehten, dass eine schreckliche Gestalt aus dem Dunkel auftauchen könnte. Meine Freundin Dede und ich hatten uns vor den Tiefen des Kleiderschranks meiner Großmutter gegruselt, und so hatten wir uns Geschichten darüber erzählt, was dort drinnen lauerte. Sie schilderte, wie der Teufel Leute zu sich in die Hölle holte, wie sich der Boden auftat und man am Fußgelenk gepackt und hinabgezogen wurde oder wie man durch eine verbotene Tür ging und sich auf einmal in der Hölle befand. Wir spielten auch das Gruselspiel Bloody Mary, wobei wir die Verdunkelungsrollos herunterließen, damit es im Zimmer mitten am Tag so dunkel wurde wie nachts. Vor einem Spiegel stehend, versuchten wir abwechselnd, die Bloody Mary herbeizurufen, indem wir dreimal ihren Namen sagten, damit sie im Spiegel erschiene. Kaum hatten wir die letzte Silbe ausgesprochen, rief dann eine von uns den heiligen Christophorus an, uns zu beschützen, und die andere zog hastig die Rollos hoch und flutete das Zimmer mit Licht, um zu bannen, was auch immer wir herbeigerufen haben mochten.

Jetzt, weit weg von der Sicherheit, die das Haus meiner Großmutter bedeutet hatte, konnte ich nicht so leicht bannen, was mir Angst machte. Wenn ich nachts auf die Toilette musste, hielt ich die Augen geschlossen, um nicht im Dunkeln den Frisierspiegel meiner Mutter zu sehen, aus Angst, was ich dort erblicken könnte. Und ich ging auch nicht hinunter in die Küche, mir ein Glas Wasser holen, weil ich ja sehen könnte, was in der Nische unter der Treppe lauerte.

Meine Mutter setzte alles daran, mir zu helfen, mich an das Leben an diesem neuen Ort zu gewöhnen, hier glücklich zu sein. Eines Nachmittags hatte sie die Idee, die Nische unter der Treppe als Spielecke für mich herzurichten. Statt sie heller zu machen, würden wir das Dunkel *nutzen* – wie das Nachtbewusstsein: einen Ort der Träume, kreativ und fruchtbar. Wir fanden alles Nötige im Secondhandladen: einen breiten Ballen schwarzen Samt, genug, um die ganze Decke und die Öffnung der Nische zu verhängen. Wir bastelten Sterne aus Karton und Alufolie, Planeten aus Styroporkugeln mit Glitzer, damit sie auch noch das kleinste bisschen Licht einfingen. Über den Eingang hängte sie ein Schild: NATASHAS ZIMMER UNTER DER TREPPE.

Ich hatte einen Tisch mit Stuhl und ein Regal, das meine Bücher und meine sämtlichen Schätze enthielt: einen Fingerhut, ein paar hölzerne Spulen, den handbemalten Seidenfächer, den meine Großmutter in der Kirche benutzt hatte. Am Morgen, an dem wir Mississippi verließen, hatte sie das alles in eine von Onkel Sons alten Zigarrenkisten gepackt. »Du machst es einem leicht, dich lieb zu haben, Kind«, hatte sie gesagt, mich an sich gezogen und mir die Tränen vom Gesicht gewischt. Sooft ich die Zigarrenkiste in dem engen Raum öffnete, erfüllte ein vertrauter Geruch die Luft, und ich saß dann da und beschwor jeden Quadratzentimeter des Hauses meiner Großmutter vor meinem geistigen Auge herauf. Ich machte das inzwischen auch in der Schule, in der Pause, vor jedweder Gruppe von Kindern, die willens war, zuzuhören. Es begann als Selbsttröstung, dieses Aufsagen der Erinnerung an das Zuhause, das wir verlassen hatten. Ich rief alles Tag für Tag wach, die genaue Anordnung der Dinge in jedem Raum, das Grundstück und den Graben drumherum, und beschrieb es bis ins kleinste Detail. Vielleicht ist das ja der Grund, warum mir dieser Teil meiner Erinnerung viel präsenter ist als die meiste Zeit jenes ersten Jahres: Ich begann bereits, in Worte zu fassen, was ich glaubte, vor dem Verlorengehen bewahren zu müssen.

Nicht lange nach unserer Ankunft hatte ich einen schrecklichen Traum: Ich war wieder bei meiner Großmutter, draußen im Hof, als plötzlich die Erde bebte. Ich blickte hinunter und sah, wie die Erde aufbrach, eine tiefe Spalte, über der ich stand, einen Fuß auf jeder

Seite, während sie immer breiter wurde. Als ich aufwachte, versuchte ich, die verstörenden Bilder durch schöne zu ersetzen, wie es mir meine Mutter beigebracht hatte. Ich stellte mir Blumen vor und leckere, bunte Süßigkeiten. Ich sagte die Wörter *Narzisse* und *Lolli* immer wieder, bis da keine Bedeutung mehr war, nur noch Klang. Allein im Dunkeln schläferte ich mich wieder ein, indem ich dem Atemrhythmus meiner Mutter nebenan lauschte, bis er mit meinem eins wurde.

Wir verbrachten die meiste Zeit zusammen – bei Tag saß sie mit ihren Büchern auf unseren Eingangsstufen und passte auf mich auf, während ich Hopse spielte oder mit meinem Fahrrad auf dem Gehweg vor unserem Haus auf und ab fuhr. Jeden Samstag unternahmen wir etwas, gingen meistens in die Bibliothek, wo die hellblaue Karte mit meinem Namen darauf wertvoller war als Gold. Meine Mutter arbeitete dann an einem Leseplatz, während ich in der Kinderabteilung umherstreifte und mich stundenlang beschäftigte. Nachdem ich so viele Bücher ausgeliehen hatte, wie ich durfte, lag ich zwischen den Regalen bäuchlings auf dem Boden und las, bis es Zeit war, zu gehen. Unsere Wohnung war nicht klimatisiert, deshalb war die Bibliothek eine Zuflucht vor der Hitze des Indian Summer.

Einmal, an einem kühleren Samstag, ging sie mit mir in den Zoo im Grant Park. Die Hauptattraktion war der Gorilla Willie B., ein mächtiger Silberrücken, der schon viele Jahre in Gefangenschaft lebte. Meine Mutter ging nach einem kurzen Blick weiter, während ich vor dem Käfig stehen blieb und zu erahnen versuchte, was er dachte. Er hockte da, so reglos wie eine Sphinx, und blickte die wenigen vor ihm versammelten Leute griesgrämig an, zur Gesellschaft nur einen im Hintergrund flimmernden kleinen Fernseher.

»Ist er traurig?«, fragte ich, als ich meine Mutter einholte.

»Wärst *du*'s nicht«, sagte sie, »so einsam und allein?« Da war etwas in ihrem Ton, das ich nicht verstand, also begann ich mit meiner üblichen Wahrheitsfindungsmethode.

»Aber warum?«, fragte ich.

»Was meinst du mit ›warum‹?«

»Warum ist er allein?«

»Weil er in einem Käfig ist.«

»Aber warum ist er in einem Käfig?«

Sie sah eine ganze Weile weg, wandte sich dann wieder mir zu, die Augen gegen das grelle Sonnenlicht zusammengekniffen. »Damit du hierherkommen und ihn sehen kannst«, sagte sie.

»Aber warum?«, sagte ich wieder, nicht sicher, was ich da fragte, was ich wissen wollte.

»Wir spielen dieses Spiel jetzt nicht, Natasha«, sagte

meine Mutter genervt, packte meine Hand und ging weiter. Sie verfiel in brütendes Schweigen, und ich wusste, ich hatte sie irgendwie enttäuscht.

Ich konnte meine Tage in zwei Rubriken aufteilen: die, an denen ich etwas getan hatte, was sie erfreute, ein Spiegel ihres Liebreizes gewesen war; Tage, an denen sie mich »meine Süße« nannte und mein Gesicht zwischen ihre Hände nahm. In der anderen Spalte waren all die Male, die ich etwas getan hatte, was sie traurig machte oder verletzte oder enttäuschte. Ich erinnere mich an eine andere Situation, in der sie meine Hand auf diese Art packte, an einem Samstag im Kino. Wir hatten einen Matinee-Film über den Zweiten Weltkrieg gesehen, und gegen Ende gab es eine Szene, in der die Soldaten im Schützengraben sehr liebevoll zueinander waren, zu den Verwundeten und Sterbenden. Ich war gebannt von der Kameradschaft, die aus der gemeinsamen Erfahrung erwuchs, den intensiven Gefühlen und den Bildern von Solidarität unter den Männern. Die Opfer des Vietnamkriegs und der Rassismus, mit dem die heimkehrenden Schwarzen Soldaten konfrontiert waren, drangen kaum in mein Bewusstsein. Sehnsüchtig brach es aus mir heraus: »Hoffentlich gibt es einen Krieg, wenn ich groß bin.« Da stand sie abrupt auf, fasste meine Hand und zerrte mich regelrecht den Seitengang entlang, während der Abspann lief.

Ihre düstere Stimmung hielt nie lange an. Sie verzieh mir immer schnell und schien mir ein typischer Zwilling zu sein. Ich wusste, dass das ihr Sternzeichen war, und erklärte mir ihre Veränderlichkeit damit. Sie konnte mir in einem Moment des Ärgers ein zorniges Gesicht zeigen und kurz darauf ein ganz anderes. Ich dachte, dass es das war, wofür ihr kleiner goldener Schlüsselanhänger stand. Meine beiden Eltern hatten so etwas; während am Schlüsselring meines Vaters ein winziger goldener Boxhandschuh hing, ein Andenken an das Golden-Gloves-Amateurboxturnier, an dem er teilgenommen hatte, war es bei meiner Mutter eine kleine goldene Janusmaske: die beiden Gesichter der Tragödie und der Komödie. Sie hatte es auf dem College bekommen, als Andenken an ihre Mitgliedschaft in der Theatertruppe, aber es hätte auch ein Symbol ihres Wesens sein können. Über die Jahre hinweg trug sie vor allem die Thalia-Maske – das lachende Gesicht. Ihr wahres Gesicht hielt sie, wie ihre Gedanken, die meiste Zeit vor mir verborgen.

Nichts wollte ich mehr, als meiner Mutter zu gefallen. In der Schule glänzte ich mittlerweile nicht nur im Lesen und Schreiben, sondern auch im Rechnen, eine Entwicklung, die meine Mutter zu überraschen und zu freuen schien. Zur Belohnung brachte sie eine

Puppe mit nach Hause, die ich mir gewünscht hatte, und setzte sie oben auf die Treppe. Dort saß sie, während ich an meinen Rechenaufgaben arbeitete. Während meine Mutter die Aufgaben vorlas und auf meine jeweilige Antwort wartete, konnte ich über ihrer Schulter die Puppe sehen, noch in ihrer Zellophanverpackung. Ich weiß nicht, wie lange ich mit dem Antworten trödelte. Sie riss mich aus meiner Versunkenheit, indem sie streng sagte: »Du bekommst diese Puppe erst, wenn du alle Aufgaben richtig hast.«

Hatte ich davon geträumt, mit der Puppe zu spielen, und dabei verstohlen zum oberen Ende der Treppe geblickt? Oder hatte ich tief in Gedanken den Kopf nach hinten geneigt, wie um dem Äther die Lösung zu entlocken? In dem Moment war mir klar: Das Objekt meiner Begierde war die Belohnung für Perfektion, erlangbar, wenn ich gescheit genug war, und das Glück meiner Mutter würde von meinen Leistungen abhängen. Scham überkam mich. Heute noch holt mich irgendetwas daran ein und kränkt mich. Was ist es: dass mir mein Begehren so offen ins Gesicht geschrieben stand oder dass ich missverstanden wurde – dass wir einander damals so unbekannt waren wie heute?

Als die Tage kürzer wurden, verbrachte ich die gesamte Zeit nach dem Essen in meiner Spielecke – von wo ich meine Mutter in der Küche die Seiten ihres Buchs umblättern hören konnte. An meinem kleinen Tisch sitzend, spiegelte ich sie an ihrem Tischplatz, indem ich las oder die Puppe bemutterte, die sie mir gekauft hatte – spiegelte, wie sie das Kinn in die Hand stützte, wie sie nachdenklich von ihrer Arbeit aufsah oder wie sie ein grimmiges Gesicht machte, wenn sie mit mir schimpfte. Es war ein glatter Ablauf unserer Tage, eine Zeit, in der mein Spiel mit der Puppe genauso aussah wie unser Leben damals: niemand, der unser Zusammensein störte, sich in die Geschichte von Mutter und Tochter drängte.

Meine Mutter konnte nicht ahnen, wie tief mich unsere wenigen Monate allein in einer neuen Umgebung prägen würden und wie erbittert ich mich an unsere Zweisamkeit, die Mutter-Tochter-Dyade, klammern würde. Und auch nicht, dass mein töchterliches Pflichtgefühl, noch verstärkt dadurch, dass wir fern von zu Hause waren, nicht nur meine Folgsamkeit hervorbringen würde, sondern auch mein Schweigen. Wenn ich mir vorzustellen versuche, was meine Mutter, eine junge Frau von achtundzwanzig an der Schwelle ihres neuen Lebens, in jenem Jahr dachte, finde ich wenig Hinweise in den Briefen, die sie meinem Vater schrieb. »Es läuft alles gut«, erklärte sie ihm. »Ich habe jetzt einen Job in Underground Atlanta, in einem Restaurant namens Mine Shaft.«

Wie lange nach diesem Brief mag es gewesen sein, dass meine Mutter mich eines Abends aus meiner Spielecke hinausrief, um mir einen Mann vorzustellen, der in unserer Küchentür stand? Er war groß und schlank, das Gesicht von langen Koteletten eingerahmt. Er sah mich ein bisschen schief an, ein Auge offenbar größer als das andere, weiter offen.

»Joel, das ist Tasha«, sagte meine Mutter zu ihm. Ich sah, dass seine Hand ein bisschen zitterte, als er weiter in die Küche hereinkam und nach einer Stuhllehne griff.

»Wie soll ich dich nennen?«, fragte ich.

Etwas an der Art, wie er antwortete, irritierte mich, und ich fragte mich, ob meine Mutter es auch bemerkte. »Du kannst mich nennen, wie du willst«, sagte er, und sein Grinsen war mehr ein Zucken der Oberlippe, als er das *Du* hervorbrachte.

Ich schüttelte, wie es meine Gewohnheit war, meine langen Zöpfe, als wollte ich einen Gedanken verscheuchen. »Ich werde dich Big Joe nennen«, sagte ich und hüpfte aus der Küche, zurück in meine Spielecke. Von da an war er Big Joe für mich, und der Name besiegelte eine Form von Beziehung zwischen uns, die uns später beide daran erinnern würde, dass er nicht mein Vater war.

Vielleicht war es das – etwas in seiner Gestik und

Mimik –, was mich misstrauisch machte, auch als er meiner Mutter gegenüber die Rolle des hilfsbereiten Boyfriends spielte, sich erbot, nachmittags auf mich aufzupassen, während sie an der Hochschule war. Ich sah ihn jetzt regelmäßig. Wenn er mich hatte, fuhren wir oft in der Stadt umher, ein Muster, das einen Großteil unserer Interaktion über die Jahre bestimmen würde. Er schien gern ziellos durch die Gegend zu fahren, als wollte er einfach nur in dem Auto sein, auf das er so viel Zeit verwandte – ein schwarzer Ford Galaxie mit makellos weißer Innenausstattung, Weißwandreifen und Chromverzierungen, die er auf Hochglanz polierte.

Ich saß dann ganz an der Beifahrertür und versuchte, durch das kaum geöffnete Seitenfenster frische Luft zu atmen, während er rauchte und die Glut seiner Zigarette bei jedem Zug aufleuchtete wie ein rotes Blinklicht. Ich achtete sorgsam darauf, still zu sitzen und nichts zu tun, was seine Aufmerksamkeit auf mich zog, sprach nur, wenn er etwas zu mir sagte. Die Bässe der Musik aus dem Acht-Spur-Kassettenspieler bummerten, als wäre mein eigener Herzschlag lauter geworden – Curtis Mayfields »Freddie's Dead« oder »Pusherman«. Was ich von diesen Songs verstand, machte mich traurig und ängstigte mich zugleich, als wäre das Album nicht der Soundtrack zu einem Film, sondern zur Story meiner Zeit mit Big Joe, die jetzt Teil meines neuen

Lebens in Atlanta war. Wenn der Track wechselte und »Superfly« kam, sang er mit, seine Stimme ein wackliges Falsett, haarscharf daneben. Die Szenerie draußen wiederholte sich wie die Musik. Ich wusste es damals nicht, aber wir fuhren auf der 285, dem Autobahnring um Atlanta.

Diese Autofahrten waren immer Lektionen; die früheste, an die ich mich erinnern kann, ging darum, wie man erkennt, dass einem ein ziviler Polizeiwagen folgt. »Da ist so ein Hubbel wie ein kleiner Kopf in der Mitte vom Armaturenbrett«, erklärte er mir, als wäre das etwas, was ich wissen müsste. Von da an beobachtete ich, wie oft er in den Rückspiegel blickte, und sah auch selbst hin, in der Hoffnung, dass da wirklich jemand hinter uns war.

Wenn wir wieder zu Hause waren, atmete ich jedes Mal auf. Sooft ich auch mit ihm fuhr, ich hatte immer Angst, er würde mich irgendwo aussetzen und ich würde meine Mutter für immer verlieren. Ich schalt mich für diese schrecklichen Gedanken und verscheuchte sie immer wieder. Es ist eine Art magisches Denken, das Kinder dazu bringt, zu glauben, sie könnten bestimmte Ereignisse verursachen, und das Menschen mit einer Zwangsstörung fest davon ausgehen lässt, dass sie bestimmte Handlungen ausführen müssen, um Unheil zu verhindern – dass Unheil irgendwie verhinderbar ist. Die Lehren der Mythologie stützen das nicht: Hätte jemand Kassandra geglaubt, hätte so vieles verhindert werden können. Aber niemand glaubte ihr.

Man kann den Mythos von Kassandras Bürde allerdings auch anders auslegen. Da sowieso niemand ihren Warnungen glaubt, kommt sie vielleicht zu dem Schluss, dass nur ihr Schweigen verhindern kann, was droht. Besser, manche Dinge für sich zu behalten, als sie auszusprechen und mit den Worten das Unheil heraufzubeschwören.

Ich erzählte meiner Mutter nichts von diesen Nachmittagen mit Big Joe und auch nichts von meiner Angst, was er eines Tages tun könnte.

Wenn ich mich in die Szene an jenem weit zurückliegenden Abend zurückversetze, als ich zusehe, wie meine Mutter sich für ihren Job im Mine Shaft fertig macht, weiß ich nicht, ob sie ihn da schon kennt: den Mann, der mein Stiefvater werden wird. Vielleicht ist es der Abend, an dem sie sich kennenlernen. Ich weiß nur, dass Winter ist und in Atlanta schon die Narzissen blühen. Ich weiß, dass ich welche für sie gepflückt habe, eine Handvoll gelber Narzissen – jene Blumen, die im Mythos von Mutter und Tochter Persephone ins Verderben locken, ihre Entführung durch den Herrn der Unterwelt bewirken. Sie pflückt eine leuchtende Blume, und die Erde bricht unter ihr auf und zieht sie in ihren dunklen Schlund.

Es ist, als hätte ich den Mythos umgeschrieben, das Verderben über meine Mutter gebracht, so leicht, wie ich ihr diesen kunstlosen Strauß Narzissen überreichte. Als meine Mutter an jenem Abend zu ihrer Arbeit in Underground Atlanta hinabstieg, betrat sie bereits eine Unterwelt, aus der sie nie wieder ganz hervorkommen würde.

[ ]

*Als ich laut auszusprechen beginne, dass ich über meine
Mutter schreiben will – die Geschichte jener Jahre erzählen will, die ich zu vergessen versucht habe –, träume
ich in einer Woche öfter von ihr als in all den Jahren seit
ihrem Tod. Zuerst sehe ich sie im Zuhause meiner frühen
Kindheit, dem Haus meiner Großmutter. Ich bin wieder
Kind, schaue zu, wie sie häusliche Arbeiten verrichtet:
nasse Bettlaken an die Wäscheleine hängt, bügelt oder
sich an ihre Nähmaschine beugt, ein paar Stecknadeln
zwischen den Lippen. In anderen Träumen erscheint sie
in Szenen aus meinem jetzigen Leben, an Orten, wo sie
nie war, zuerst gar nicht erkennbar, als wäre sie jemand,
dem ich noch nie begegnet bin. Dann erschreckt es mich,
sie zu sehen, und ich bin immer älter als sie, älter, als sie
je war. Wenn wir im Traum in dem Haus sind, in dem
wir mit Joel gewohnt haben, ist er auch da. Aber ich bin
kein Kind, und ich weiß, ich habe die letzten dreißig Jahre
ohne sie gelebt. Ich weiß auch, dass er nach dieser ganzen
Zeit aus dem Gefängnis entlassen ist, aber irgendwie hat
er sie noch nicht getötet. Im Traum ist mir klar, dass das*

keinen Sinn ergibt, und doch glaube ich es, also überlege ich verzweifelt, was ich tun kann, damit sie am Leben bleibt. *In meinem letzten Traum von ihr ist sie die alte Frau, die sie nie wurde, dünn und ein wenig gebeugt, das Haar silbergrau. Wir sind in einem Raum, den ich nie gesehen habe, und ich beobachte, wie sie darin umhergeht, sich langsam bewegt und mehrere Gegenstände berührt, auf Borden, auf einem Tisch. Es ist, als ob sie am Ende eines langen Lebens noch einmal die Dinge betrachtet, die sie über die Jahre gesammelt hat. Als ich aufwache, versuche ich, mich an diese Objekte zu erinnern, sicher, dass sie erzählen, wer sie war, die Teile der Geschichte, die mir bis jetzt verborgen waren. Dann trifft es mich wie ein Schlag: Ich habe die Dinge, die sie berührt hat, gar nicht gesehen. Sie hat mir die ganze Zeit den Rücken zugekehrt.*

3.

SOUL TRAIN

Ein Foto aus dem Mai 1974 macht eine Tatsache deutlich: Es sind nicht mehr nur wir zwei, und ich beginne bereits, auf Distanz zu gehen, eine Randposition im neuen Leben meiner Mutter einzunehmen. In jeder Familie gibt es irgendwann ein Mitglied, das sich als Außenseiter fühlt, das auf Fotos immer ein Stückchen weiter weg von den anderen steht: das ältere Kind, wenn ein neues Baby erscheint, das Kind aus einer früheren Ehe, manchmal mit einem anderen Nachnamen. Plötzlich war ich das alles zugleich.

»Ich habe eine Überraschung für dich«, sagte meine Mutter. Es war Ende August 1973, Monate, bevor das Foto die subtile, aber seismische Verschiebung bezeugen würde, die ihre Ankündigung auslöste. Ich hatte die ganzen Sommerferien bei meiner Großmutter in

Mississippi verbracht, und jetzt war meine Mutter gekommen, um mich nach Atlanta zurückzuholen. Es war drei Monate her, dass ich sie zuletzt gesehen hatte. »Du hast jetzt einen kleinen Bruder«, sagte sie, so deklarativ und nüchtern wie immer. »Und Joel und ich sind verheiratet. Wir ziehen in eine neue Wohnung, wo du ein viel größeres Zimmer den Gang runter haben wirst.«

Unmittelbar davor, ehe ich erfuhr, dass alles anders war, war sie mir noch genauso vorgekommen wie Anfang Juli, als wir uns getrennt hatten. Ich hatte damals keine körperliche Veränderung an ihr bemerkt, kein Anzeichen dafür, dass sie dieses neue Wesen in sich trug, das ich jetzt kennenlernen würde. Wusste ich überhaupt, wo Babys herkamen? Ich war sieben. Den ganzen Sommer hatte ich *Drei Mädchen und drei Jungen* geguckt. Jetzt, da ich sprachlos vor meiner Mutter stand, drehte und wendete ich die Prämissen der Serie in meinem Kopf, im Bemühen, mir diese einschneidende Veränderung zu erklären. Ich stellte jedoch keine Fragen, sondern kam zu dem Schluss, dass Big Joe ein Baby mit in die Ehe gebracht haben musste, so wie meine Mutter mich. Die Geschichte der Familie Brady hatte mich vorbereitet, mir ein Muster der Geschehnisse geliefert, und verlieh so dem Chaos, das ich fühlte, eine Form. *Du hast jetzt einen Stiefvater und einen Stiefbruder*, sagte ich mir. Ich weiß bis heute nicht, ob meine Mutter wusste, dass ich jahrelang an dieser Geschichte festhielt, sie mir immer wieder erzählte, um mich von dieser neuen Familie, die ich nicht wollte, zu distanzieren.

Auf dem Foto ist Joey neun Monate alt. Er hält sich mit beiden Händen am Rand des Couchtischs aufrecht, und meine Mutter und Big Joe sitzen direkt hinter ihm auf dem Sofa. So eng gruppiert, bilden sie ein Triptychon, das da heißt »Familie«. Ich sitze ganz am Ende des Sofas. Das Einzige, was mich mit dieser Familie zu verbinden scheint, ist, dass ich genauso dasitze wie meine Mutter, eine kleinere Version ihrer Körpersprache der meinen eingeschrieben.

Was man auf dem Foto nicht sieht, sind Joels Füße. Unterm Couchtisch verborgen, scheinen sie jetzt für alles Beunruhigende und Anormale zu stehen, das unser häusliches Leben bestimmen sollte, aber versteckt blieb. Ich wusste so wenig über ihn, und alles, was mir komisch vorkam, erklärte er mit dem Krieg. *Vietnam*, sagte er dann. Wenn er keine Spaghetti essen wollte, dann wegen der »Würmer«, die er als Soldat gesehen hatte. *Vietnam*, wenn ich ihn wegen seiner Füße fragte. An beiden schienen, in einer seltsamen Symmetrie, der zweite und dritte Zeh im ersten Gelenk abgeschnitten worden zu sein, und die Fußsohlen waren trocken und tief gefurcht. Jeder Zeh hatte eine kleine, missgestaltete Andeutung von einem Nagel. *Vietnam*, sagte er, wenn er mich hinstarren sah. Sehr wahrscheinlich war er schon so geboren, mit nicht vollständig ausgebildeten Zehen. Vielleicht schämte er sich ja, es zuzugeben, und erfand stattdessen eine Geschichte, die mit dem Krieg zu tun hatte. Heute denke ich, dass im Aussehen seiner Füße etwas Verletztes und Verletzliches lag, aber als Kind empfand ich bei ihrem Anblick nur eine Mischung aus Angst und Ekel. Bevor er und meine Mutter heirateten, hatte ich nur sein leicht hervortretendes Auge, das Zittern seiner Hände und das Zucken seiner Lippen um die Zigarette herum gekannt, jetzt sah ich jeden Tag seine seltsamen, beunruhigenden Füße, die Stummelzehen.

Manchmal, wenn ich spät am Abend in die Küche hinunterging, um mir ein Glas Wasser zu holen, saß er da im Schummerlicht, trank und sang leise mit der Platte mit, in ein Mikrofon, das mit der Stereoanlage verbunden war. Das wacklige Falsett, das ich inzwischen kannte, aber angestrengt, als wollte er unbedingt beweisen, dass er irgendwo in sich eine Künstlerseele hatte. Spuren seiner künstlerischen Bemühungen waren überall: seine immer neuen Zeichenversuche. Zuerst war es die Figur aus einer Zeitungsreklame für ein Kunst-Fernstudium, *Können Sie mich zeichnen?*

Wenn ja, haben Sie das Zeug zum Künstler, zu der er die verzerrte Umrisszeichnung eines Cartoon-Hirschs im Profil hinzufügte. Später dann das Emblem der Atlanta Falcons, das er mit silberner Ölfarbe für die Reserveradabdeckung hinten an seinem Van malte. Jahrelang sah ich jedes Mal, wenn er davonfuhr, die Reserveradabdeckung, die schwarze Negativform um einen missgestalteten Vogel herum, der auch das Symbol für seine Seele hätte sein können.

Die neue Wohnung lag wenigstens im selben Schulbezirk, und ich war froh, dass ich nicht von der Venetian Hills wegmusste. Außerdem wohnten im selben Komplex mehrere junge Familien mit Kindern ungefähr in meinem Alter, sodass es nicht schwer war, Freunde zu finden. Die Dunns, die erste Familie, die wir kennenlernten, hatten fünf Jungen in geringem Altersabstand. Es gefiel mir, dass sie so laut und ausgelassen waren, dass sie tanzen und singen konnten wie die Jackson Five und immer lachten und sich gegenseitig spielerisch ärgerten – *joning* sagten sie dazu. In Mississippi hatten wir es *janking* genannt, wenn wir das Beleidigungsspiel *The Dozens* spielten. Da ich ab und zu mit einer richtig guten Beleidigung kontern konnte, akzeptierten mich die Jungen und behandelten mich wie eine kleine Schwester. Nach der Schule praktizierten wir den verbalen Schlagabtausch mit den anderen Kindern aus dem Wohnkomplex, allesamt entschlossen, unsere Schlagfertigkeit und Findigkeit unter Beweis zu stellen. Es tut mir immer noch weh, daran zu denken: *Deine Mama ist so dick* ... sagten wir, *deine Mama ist so arm* ... *so knickrig* ... *deine Mama hat so'ne tiefe Stimme* ... Manchmal lief das Spiel aus dem Ruder, und jemand reagierte wirklich beleidigt und fing an, Schimpfwörter zu rufen und mit dem Finger zu zeigen. Da machten wir dem ein Ende. »Zeig nicht mit dem Finger auf mich«, sagten wir, »meine Mama ist nicht tot.« Niemand von uns kam auf die Idee, dass es je anders sein könnte.

Wenn wir nicht damit beschäftigt waren, unsere verbale Gewandtheit zu zeigen, hörten wir 45er-Platten auf meinem kleinen Plattenspieler oder hüpften auf Pogo-Sticks, um herauszufinden, wer sich am längsten darauf halten konnte. Unsere Wohnung und die der Dunns lagen sich gegenüber, beide am Ende einer Sackgasse, die an eine kleine Grasfläche stieß, wo wir Abtreffball spielten. Dahinter kam gleich ein Wäldchen. Die zweistöckigen Backsteingebäude waren nichts Besonderes, wohl aber das große Drainagesystem, das mitten durch die Wohnanlage führte – Betondurchlässe, übermannshoch und lichtdurchflutet. Manchmal veranstalteten wir dort Expeditionen, taten so, als wäre der Beton-

kanal eine Höhle und das kleine Rinnsal, das hindurch-
floss, ein Fluss, der uns zum Meer führte. Wir konnten
nach Herzenslust umherstreifen, und nirgends in der
Wohnanlage waren wir so weit weg, dass wir es nicht
hörten, wenn unsere Mütter uns zum Essen hereinrie-
fen.

Eines Abends fand ich, als ich nach Hause kam, etwas
Unerwartetes vor: den größten Topf mit kochendem
Wasser, den ich je gesehen hatte, auf dem Herd und
mehrere lebende Hummer in der Spüle. Meine Mutter wirkte geradezu ausgelassen bei den Vorbereitun-
gen fürs Feiern, bewegte sich geschmeidig in der Küche
umher, während aus der Stereoanlage Al Greens »I'm
Still in Love with You« kam. Sie hatte ihr Masterstu-
dium in Sozialer Arbeit abgeschlossen, aber wir feierten auch Joel. Er war bis jetzt Hausmeister in einer
Wohneinrichtung für straffällig gewordene Jugendli-
che gewesen, aber an diesem Tag hatte er sich – vielleicht, um meine Mutter zu beeindrucken oder um ein
Versprechen einzulösen – an einer Technikfachschule
eingeschrieben.

Auf einem Foto von jenem Abend sehen sie aus wie
Mitglieder einer Neunzehnsechzigerjahre-Soulband,
mit Schlaghosen und Afros, beide eine Hand am Treppengeländer und einen Fuß noch eine Stufe höher als

den anderen, als kämen sie im Gleichschritt die Treppe herunter. Beide ganz in Weiß wie Al Green auf dem Albumcover, das an der Wand lehnt: meine Mutter im weißen Jumpsuit und Joel in einem weißen Poloshirt und weißer Hose. Wenn es in all den Jahren einen Abend gab, an dem meine Mutter wirklich glücklich aussah, dann war es dieser.

In Erinnerung geblieben ist mir von jenem Abend hauptsächlich die Party. Nach dem Essen gingen wir zu den Dunns hinüber. Es waren mehrere Familien dort, und während wir Kinder in der Wohnung umherrannten, tanzten die Erwachsenen und tranken aus Pappbechern. Wenn ein Song kam, den wir mochten, tanzten wir Kinder auch, drängten uns auf der Tanzfläche und vollführten den Bump, den Four Corners oder den Loose Booty – einen Tanzstil, bei dem man sich unter anderem im Kreis drehte und einen Arm überm Kopf kreisen ließ, als schwänge man ein Lasso. Als »Dancing Machine« von den Jackson Five kam, war meine Mutter mitten im Raum, und die bunten Lichtflecken von der selbst gemachten Discokugel wirbelten um sie herum, als sie lächelte und mit dem Four Corners loslegte, ihr Becken im Halbkreis schwang, abwechselnd in einfachem und doppeltem Tempo. Beim Tanzen war sie noch schöner, und alle schienen sich nur auf sie zuzubewegen. Dann teilte sich die Menge auf der Tanzfläche, es bildeten sich zwei Reihen, eine rechts und eine links von ihr, und sie tanzte durch das Soul-Train-Spalier.

An diesen Moment würde ich denken, als sich nur neun Jahre später die Schar der Trauernden vor der Kirche teilte, um die Sargträger mit dem Sarg meiner Mutter zum Leichenwagen durchzulassen.

4.

SCHLEIFE

Ich frage mich oft, ob unsere Leben anders verlaufen wären, wenn ich meiner Mutter gleich erzählt hätte, was sie nicht wissen konnte: wie Joel mich zu quälen begonnen hatte, wenn sie nicht da war. Hätte sie mich dann sofort retten wollen? Und wäre dadurch rechtzeitig aus dieser Ehe herausgekommen, um sich selbst zu retten? Warum erzählte ich es ihr nicht? Wenn ich jetzt darüber nachdenke, verstehe ich nicht, warum ich mich ihr nicht anvertraute, und frage mich, ob ihr Tod die Folge meines unerklärlichen Schweigens war. Ich erinnere mich, dass ich glaubte, ich sei ein braves Kind, eine gute Tochter, und könnte mit dem, was mir widerfuhr, allein fertigwerden und meine Mutter vor dem schwierigen Wissen schützen, was ihr Leben mit einem neuen Ehemann für mich bedeutete.

Ich weiß nicht genau, wann es begann: Bestrafung als Muster zwischen Big Joe und mir, sooft wir allein waren. Immer gab es irgendeine Kleinigkeit, derer er mich beschuldigte, irgendeinen Verstoß, den er erfand, um mich zu bestrafen. »Ich weiß, wie man dich in die Spur bringt«, sagte er. »Du bist wie diese zurückgebliebenen Kinder da, wo deine Mutter arbeitet, und du gehörst in eine Anstalt.« Er befahl mir, meine Sachen zu packen, und stand in meinem Zimmer hinter mir, während ich den Inhalt meiner Kommodenschubladen in einen Koffer kippte. Dann verfrachtete er mich schluchzendes Etwas in sein Auto.

Auf der Interstate 285, der Ringautobahn um Atlanta, kann man je nach Verkehrsdichte lange fahren, bevor man wieder am Ausgangspunkt ankommt. Joel fuhr fast eine Stunde wortlos mit mir auf der Interstate, bis er befand, dass ich genug hatte. Dann brachte er mich verheult und verquollen wieder nach Hause, Stunden, bevor meine Mutter zurückkam. Obwohl er das immer wieder tat, immer mit der gleichen Drohung, war ich klein genug oder verängstigt genug, um zu glauben, dass er eines Tages wahr machen würde, was er sagte, und kein Flehen oder Jammern ihn zum Umkehren bewegen könnte.

Erst jetzt ist mir klar geworden, dass meine kindlichen Zwangsgedanken und -handlungen damit zu tun gehabt haben müssen. Wenn man mich damals nach meinen drei größten Ängsten gefragt hätte, hätte ich genannt: unschuldig ins Gefängnis gesperrt zu werden, bei klarem Verstand in eine Anstalt eingewiesen zu werden und lebendig begraben zu werden. Das alles hat mit Ohnmacht zu tun, damit, Mächten ausgeliefert zu sein, über die man keine Kontrolle hat. Ich hatte irgendwo gelesen, dass man in viktorianischen Zeiten Toten, bevor sie begraben wurden, eine Schnur um den Finger band und dann an einer kleinen Glocke auf dem Grab befestigte. Die Vorstellung, in einer Leichenhalle zu liegen und irrtümlich für tot gehalten zu werden, machte mir fürchterliche Angst. Heute verstehe ich, dass es darum ging, mich nicht bewegen und nicht um Hilfe rufen zu können.

In der vierten Klasse hatte ich bereits wiederkehrende Träume, in denen ich spürte, dass Leute im Raum waren, vielleicht über mich hinweg miteinander redeten, aber ich konnte weder schreien noch mich rühren. Ich erinnere mich, wie ich darum kämpfte, auch nur den kleinen Finger zu bewegen, weil ich wusste, ich musste es schaffen, aufzuwachen. Die Wissenschaft nennt diesen Zustand in Übergangsphasen des Schlafs *Schlafparalyse*. Der Geist wacht schon auf, aber der Körper ist noch in tief entspanntem Zustand, und deshalb kann man sich minutenlang nicht bewegen. Man ist bei klarem Verstand, hat aber keine Kontrolle, weil Geist und Körper vorübergehend voneinander abgespalten sind. Vielleicht ist diese Abspaltung ja eine Metapher dafür, wie ich all diese Jahre gelebt habe: das Bewusstsein bemüht, über die Dinge hinwegzugehen und weiterzumachen, der Körper aber widerständig. Der Geist, der vergisst, der Körper, der die Erinnerung an das Trauma in seinen Zellen speichert.

Wenn das Trauma das Selbst fragmentiert, was heißt dann, die Herrschaft über das Selbst zu haben? Man kann versuchen, zu vergessen. Man kann sich lange Zeit weiterbewegen, ohne an den Ausgangspunkt zurückzukehren, aber die Erinnerung ist eine Schleife. Als ich eineinhalb Jahrzehnte nach dem Tod meiner Mutter wieder nach Atlanta zog, machte ich die weitesten Umwege, um nicht die Interstate 285 zu nehmen. Ich dachte, das würde reichen: Wenn ich dieser Schleife nicht folgte, würden die schlimmsten Erinnerungen verlässlich ferngehalten. Die Wahrheit erwartete mich jedoch in meinem Körper. Und sie erwartete mich auf dem Stadtplan, den ich konsultierte, um meine Umwege zu fahren: dass nämlich die 285 aussieht wie die Kontur eines anatomischen Herzens, der Landschaft eingeprägt, mit einer Wunde dort, wo der Memorial Drive sie schneidet.

5.

BEGNADIGUNG

Meine Mutter sitzt auf dem Bett und wechselt Joeys Windel. Ich bin ins Zimmer gekommen und stehe vor der Tür zum Bad; der große Spiegel am Waschtisch zeigt nicht nur mein Profil, sondern auch den Fernseher auf der anderen Seite des Zimmers. Die ganze Woche schon läuft immer derselbe Sender, das gleiche Nachrichtenprogramm. Ich habe Präsident Nixons Gesicht immer wieder gesehen und weiß vage, was los ist: Es gibt Ärger, weil derjenige, der im Haus unserer Nation sitzt, uns betrogen hat. Und jetzt ist der neue Präsident im Bild. Ich stehe gebannt da und gucke hin, als auf einmal Big Joe hereinkommt. Einen Moment lang sind wir alle zusammen, während das Dilemma in unser aller Haus – »eine amerikanische Tragödie« – auf dem Bildschirm seinen Gipfelpunkt erreicht. Ich sehe fast gleichzeitig mein Spiegelbild, meine Mutter, die die gebrauchte Windel so faltet, dass nur die saubere Außenseite sichtbar ist, und Gerald Fords Gesicht, als er über die Tragödie sagt: »Sie könnte immer weiter- und weitergehen, oder jemand muss ihr Ende schreiben.«

6.

DU WEISST

Du erinnerst dich, obwohl du nicht willst: wie deine Mutter sagt, *Big Joe möchte dich adoptieren*, sagt, *Er möchte, dass du seinen Nachnamen trägst.* Sie sagt es mit einem matten Lächeln, einem, das du manchmal in deinem eigenen Gesicht siehst – die Unterlippe am Mundwinkel ziehend, als wollte sie sich nicht am Lächeln beteiligen. Ihre Stimme ist gleichzeitig vage flehend und sachlich. Du bist in der fünften Klasse, und du hörst das zum ersten Mal. Als sie es dir sagt, denkst du, *Oh, weil wir wie die Bradys sind,* und in der *Brady-*Version einer Stieffamilie hat niemand einen anderen Nachnamen. Es ist 1976, und ihr seid an den Stadtrand gezogen, in ein Haus mit vier Schlafzimmern: ein Split-Level-Haus im Tudorstil, das außen beige und braun ist und dich an das Haus der Bradys erinnert. Selbst du weißt schon, dass das eine Version des amerikanischen Traums ist: ein Haus am Stadtrand und darin eine glückliche Familie – alle Mitglieder durch denselben Nachnamen verbunden.

Der Name eurer Wohnsiedlung steht groß an der Einfahrt. Etwas Hochtrabendes wie Canterbury – auch wenn du dich jetzt nicht mehr genau erinnerst –, die geschwungene Mauer und die dekorative Schrift sollen eine idyllische Gemeinschaft suggerieren. In einer Siedlung von beinahe identischen Häusern, jedes nur eine minimale Variation seiner Nachbarn, ist eures dasjenige, das die Kinder zum Spielen anzieht, das einen frei stehenden Swimmingpool mit angebauter Liegefläche hat. Du verbringst den ganzen Sommer dort draußen, und wenn du nicht im Pool bist, erforschst du die Umgebung. Hinterm Haus sind ein schmaler Baumstreifen und ein Bach, der euer Grundstück vom angrenzenden Drei-Loch-Golfplatz trennt. Du sammelst glänzende Steine aus dem Bachbett, folgst Moosteppichen auf der Nordseite der Bäume, spielst, dass du auf der Flucht bist wie Harriet Tubman und die entlaufenen Sklaven, über die du etwas gelesen hast. Du lässt Steine fallen, um den Rückweg zu markieren, wie in einem Märchen. Der Duft von wilden Muskattrauben in ihrer dicken Haut zieht dich in das Rankengewirr, wo du ganze Hände voll pflückst. Es ist ein guter Ort für dich, die du so viel Zeit wie möglich außerhalb des Hauses verbringst. Die du das Suchen genauso liebst wie das Verstecken, die du gern unsichtbar bist und doch noch die Stimme deiner Mutter hören können willst.

Dies ist ein Jahr großer Veränderungen. Du hörst deine Mutter am Telefon sagen, »Mama, ich habe einen neuen Job! Ich kann dabei sogar reisen«, hörst sie auch mit dieser anderen Stimme, die sie beim Telefonieren mit Fremden hat, sagen, »Nein, ich will zu diesem Zeitpunkt nicht schwanger werden«, hörst sie zu Big Joe sagen, »Ja, ich werde mit ihr drüber reden«. Du weißt, mit *ihr* bist du gemeint. Du weißt es, weil du immer zuhörst, auch wenn die Erwachsenen glauben, dass du es nicht tust.

Dies ist ein Jahr großer Veränderungen, und jetzt will er, dass du deinen Nachnamen änderst. Du sagst zu deiner Mutter, *Nein*. »Ich will meinen Nachnamen behalten«, sagst du. Du willst nicht, dass ein neuer Name den Namen deines Vaters auslöscht. Und erst recht willst du nicht, dass Joel die Person auslöscht, die du dein Leben lang gewesen bist. »Sie will ihren Namen behalten«, hörst du deine Mutter sagen, und dabei klingt ihre Stimme müde.

Da ist ein Ausdruck, den du mitkriegst: *White Flight*. Zuerst weißt du nicht, was das bedeutet. Du denkst an Flug, an deine neue Freundin Wendy, deren Vater Pilot ist und ein paar winzige Flügel am Revers stecken hat. In der Nachbarschaft sind noch ein paar weiße Familien übrig, alle mit Zu-verkaufen-Schildern in ihrem Vorgarten. Mit den Mädchen aus zwei dieser Häuser hast du dich angefreundet. Es sind die einzigen Mädchen in der Straße in ähnlichem Alter: Jody und ihre Schwester Lisa und Wendy, ein Einzelkind, wie du eins bist. Sie erzählen dir, dass sie die Weißen kannten, die vor euch in eurem Haus gewohnt haben, dass sie immer in eurem Pool geschwommen sind. Du bist gern mit ihnen zusammen, weil sie ein paar Jahre älter sind als du und von Sachen reden, von denen du noch nie gehört hast. In Jodys Zimmer blättert ihr vier einen Stapel Zeitschriften durch – *Tiger Beat und Teen Beat* –, und Jody liest laut vor: »Du willst mehr Sex-Appeal haben? Ist gar nicht schwer!« und »Wie küsse ich einen Bay City Roller?«. Sie schmachten ein Cover mit Leif Garrett an, einem Teenageridol, das du nicht kennst. »Adidas«, sagt Jody. »Weißt du, wofür das steht? ›*All Day I Dream About Sex.*‹« Sie lacht mit strahlenden Zähnen. Du lachst auch. Du willst, dass sie dich mögen.

Vielleicht zeigst du ihnen ja deshalb die Zeitschriften, die du zu Hause entdeckt hast, auf dem Boden des Schranks mit Joels Sachen, einen fast meterhohen Stapel: *Penthouse* und *Hustler* und *Swank*. Sie sollen lediglich sehen, dass du über so was Bescheid weißt, aber Jody will, dass ihr euch hinsetzt und du die Zeitschriften nacheinander herausziehst, damit ihr sie durchblättern könnt. Sie zeigt auf die Unterschriften unter den Cartoons und will, dass du sie vorliest. Wenn du bei einem Wort stoppst, das du nicht aussprechen willst, pufft sie dich an: »Weiter!« Ihre Stimme ist jetzt älter, viel älter, als ihr seid. Du bereust, dass du sie hierher mitgenommen hast, und du fühlst vor allem eins: Scham. Wie du sind die Figuren in den Cartoons Schwarz.

Jody grinst jetzt breit, als lachte sie schon über den nächsten Cartoon auf einer Seite, auf der du noch gar nicht angelangt bist. »Weißt du, wofür MARTA steht?«, fragt sie. Du antwortest schnell, erleichtert, nicht mehr weiter Cartoon-Unterschriften vorlesen zu müssen, und freudig erregt, weil du *das* weißt. Mit MARTA bist du schon gefahren. »Klar«, sagst du und rollst mit den Augen. »Es steht für Metropolitan Atlanta Rapid Transit Authority, die ganzen Busse, mit denen man durch die Stadt kommt.« »Denkst du«, sagt sie und beugt sich zu dir. »Es bedeutet: ›Mit Armeleuteverkehr reisen Tausende Afrikaner‹.« Wendy und Lisa lachen schon, bevor sie ganz ausgesprochen hat. Du lächelst matt, stellst dir ihre unsichtbaren Flügel vor: sie alle drei bereit, davonzufliegen, statt den Bus zu nehmen.

Als die Schule anfängt, siehst du Jody und Lisa nicht mehr, aber Wendy bietet an, mit dir hinzugehen, weil du neu bist. Am ersten Morgen klopft sie bei euch an, und Joel kommt in dein Zimmer und sagt, unten warte ein weißes Mädchen auf dich. »Was macht ihr Daddy?«, fragt er. Aber du verhörst dich, machst den Fehler, zu denken, er fragt nach *deinem* Vater. Du strahlst vor Stolz, als du sagst: »Mein Vater ist Schriftsteller und Professor.« »Nicht *dein* Daddy, *ihrer*«, sagt Joel. »Was dein Daddy macht, juckt mich nicht.«

Dies ist das Jahr, in dem Joel die Technik-Fachschule abgeschlossen hat und jetzt ein eigenes Geschäft betreibt: Kühlgeräte-, Klimaanlagen- und Heizungsreparaturen. Da er unregelmäßige Arbeitszeiten hat, ist er oft zu Hause, wenn deine Mutter nicht da ist, und sein Kleintransporter oder sein Monte-Carlo-Cabrio steht in der Einfahrt direkt unter deinem Fenster. Du hast gelernt, rauszuschauen, bevor du dein Zimmer verlässt, ob sein Auto dasteht, so wie du auf das Geräusch des Garagentors horchst, das Zeichen, dass deine Mutter endlich von der Arbeit zurück ist.

Du kannst es nicht erwarten, die Stimme deiner Mutter zu hören, wenn du aus der Schule zurück bist.

Die Nachmittage sind anders jetzt, wo sie den neuen Job hat. Sie geht früher zur Arbeit und kommt später nach Hause, zwei Stunden nach dir. Das Erste, was du tust, wenn du ins Haus kommst, ist jetzt, die Alarmanlage abzustellen und auf ihrer Arbeit anzurufen. Ihre Visitenkarte klebt an der Wand beim Telefon: GWENDOLYN GRIMMETTE, PERSONALLEITUNG, ZENTRUM FÜR GEISTIG BEHINDERTE. Die freundliche Sekretärin, der du noch nie begegnet bist, klingt immer erfreut, wenn sie deine Stimme hört. »Oh, hallo«, sagt sie, »deine Mutter wird sich freuen, dass du angerufen hast!« Du fragst sie, wie ihr Tag so läuft. Du bist ein höfliches Kind, und du willst, dass deine Mutter stolz auf dich ist. Du machst deine Hausaufgaben, ohne dass man es dir sagen muss; du hältst dein Zimmer perfekt in Ordnung, alles an seinem Platz. Du bist am glücklichsten, wenn Erwachsene mit dir zufrieden sind, vor allem deine Mutter.

Deshalb macht es dir viel aus, als sie dich wegen deiner Haare zur Rede stellt. »Big Joe hat mir gesagt, dein Pferdeschwanz ist in letzter Zeit nicht ordentlich, wenn du zur Schule gehst«, sagt sie. Du bist inzwischen ein großes Mädchen, du frisierst dich schon ein Jahr lang morgens allein, und das jetzt klingt so, als würdest du Rückschritte machen, als könnte man sich nicht darauf verlassen, dass du dich richtig um dein Äußeres kümmerst. Als würdest du ungepflegt aussehen, wenn du aus dem Haus gehst, als müsste man sich für dich schämen. Sie ist nicht da, wenn du morgens weggehst, also ist seine Geschichte *die* Geschichte. So wie letztes Jahr, als ihr noch in der Wohnung gewohnt habt und er ihr sagte, du würdest schlafwandeln. Er habe dich mitten in der Nacht unten gefunden, gerade dabei, an die Tür der Nachbarn zu klopfen, und habe dich wieder nach oben und ins Bett bringen müssen.

Jetzt will sie wissen, was mit deinen Haaren ist. Du sagst ihr nichts von der Haarbürste. Du bist penibel, alles in deinem Bad ist ordentlich und an seinem Platz: deine Haarbürste, frei von Haaren und Fett, in der obersten Schublade der Badkommode. Du sagst ihr nicht, dass du sie in letzter Zeit öfters auf der Ablage findest, wenn du aus der Schule kommst, oder schlimmer noch, morgens in der Schublade, aber voller Haare. Es sind seine Haare, fettig von dem Öl, mit dem er seine Kopfhaut behandelt, und an den Borsten kleben Schuppen. Du weißt bis heute nicht, warum du nie etwas gesagt hast.

Einmal liegst du zu Hause krank im Bett, mit so hohem Fieber, dass du fantasierst. Du träumst, du liegst auf dem Rücken in einem weißen Raum: weiße Wände, weiße Decke, alles weiß, so viel Weiß, dass du nicht sehen kannst, wo die Decke aufhört und die Wand anfängt. Ein weißes Gehäuse. Obwohl du deinen Körper nicht wahrnimmst, ist dein Geist hellwach, wachsam, deshalb weißt du, dass du liegst. Weil du an die Decke guckst, ein weißes Dach, als es passiert: eine Öffnung wie eine Falltür, aus der Dreck herabregnet und dich bedeckt.

Du bist in Mrs. Messicks fünfter Klasse an der Clifton Elementary. Es ist das vierte Mal in fünf Jahren, dass ihr umgezogen seid, das dritte Mal, dass du die Schule wechseln musstest. Zum Glück gefällt dir diese Schule genauso wie die letzten beiden, vor allem wegen Mrs. Messick. Du magst ihre ernste, resolute Art, ihr graubraunes Haar, das ihr Gesicht einrahmt wie eine Kappe, magst es, wie sie, wenn sie etwas nicht glaubt, »das ist doch Blödsinn« sagt und dabei über ihre Brillengläser hinwegspäht, die Fäuste in die Hüften gestemmt. Du hörst fasziniert zu, wenn sie erzählt – meistens von ihrer Kindheit in Südrhodesien, als Tochter weißer Missionare, wie es war, in einem Schwarzen Land weiß zu sein. Vielleicht war es ja gar nicht so anders als jetzt, denn jetzt ist sie eine weiße Lehrerin an einer fast ausschließlich Schwarzen Schule. Wenn du ihr zuhörst, denkst du an deine Großmutter in Mississippi, wie sie manche Leute als »anständige Weiße« bezeichnete, und du weißt, Mrs. Messick muss eine von ihnen sein. Wo du herkommst, sind anständige Weiße nicht schwer auszumachen.

In diesem Jahr entdeckst du Ulysses S. Grant. In der Schulbücherei hast du eine Biografie über ihn gefunden und dich in diesen Anführer der Unionsarmee verliebt, einen anständigen Weißen, der gegen die Sklaverei war, ein Vorkämpfer für die Bürgerrechte von Schwarzen. Du leihst dir das Buch aus und trägst es tagelang mit dir herum, betrachtest sein Bild auf dem Einband: Sein bärtiges Gesicht erinnert dich an deinen Vater.

Was du über Abraham Lincoln weißt, macht auch ihn zu jemandem, den du toll findest, und vor allem kennst du die Emanzipationsproklamation und die Gettysburg-Rede. *Vor siebenundachtzig Jahren gründeten unsere Väter auf diesem Kontinent eine neue Nation, in Freiheit gezeugt und dem Grundsatz geweiht, dass alle Menschen gleich geschaffen sind ...* Du lernst die ganze Rede auswendig. Wenn du dich langweilst oder Angst hast, rezitierst du sie immer wieder im Stillen. Auf dem Bürgerkriegsfriedhof zwischen der Schule und zu Hause machst du oft halt, um die Grabsteine zu lesen, Inschriften auf Papier durchzureiben. An den Gräbern von Konföderierten-Soldaten sagst du die Rede laut auf, und deine Stimme hebt sich jedes Mal bei »alle Menschen gleich geschaffen sind«.

An Thanksgiving kommt deine Großmutter aus Mississippi angereist, um das neue Haus zu sehen, und sie strahlt vor Stolz, als sie die Vorhänge aufhängt, die sie für alle Zimmer genäht hat. Du siehst sie ein ganzes Album mit Polaroidfotos füllen, von all den neuen Möbeln, jedem Winkel und jeder Ecke des Hauses innen und außen, selbst dem Namen auf dem Briefkasten: GRIMMETTE.

Das ist der Name, der nicht deiner ist, der Name, der dich von allen anderen in eurem Haushalt unterscheidet. Aber nicht nur dein Name unterscheidet dich. Du bist etwas Besonderes. Für dich hat deine Großmutter die kunstvollste Näharbeit gemacht. Die Vorhänge in deinem Zimmer sind aus gold-antikweißem Brokat mit einem Querbehang, den kleine Troddeln zieren. Der geschwungene Querbehang sieht aus wie die Dekoration auf einer Geburtstagstorte. Dazu passend gibt es noch Tagesdecke, Bettvolant und -himmel. Tage später, als sie abfährt, zum Flughafen, machst du deine Zimmertür hinter dir zu, legst dich mitten aufs Bett und guckst an den Betthimmel, den Kopf auf einem Nackenkissen mit Goldfransen. Um nicht mehr zu weinen, tust du so, als wärst du eine Prinzessin. Du nennst dich Leilani, weil du findest, dass du mit deiner braunen Haut und deinem langen, dunklen Haar hawaiianisch aussiehst. Prinzessin Leilani. Deine Fantasie trägt dich weit von da fort, wo du bist.

In der Schule spielst du auch eine Prinzessin. Du bist die Musterschülerin in Mrs. Messicks Klasse, also ist es nicht überraschend, dass du ausgewählt wirst, um die Hauptrolle zu spielen – eine Prinzessin in einem Stück namens *Der Drache wider Willen*. Die Proben dauern zwei Wochen, und du freust dich jeden Tag, wenn du in die Schule gehst, dass du so tun darfst, als wärst du jemand anders. Beim Elternabend sagt Mrs. Messick deiner Mutter, du seist »immer lerneifrig, eine Schülerin, die jede Lektion verschlingt und schon vor allen anderen zur nächsten übergeht«.

Wenn du mit Aufgaben früher fertig bist, liest du die ganze Büchersammlung, die Mrs. Messick in einem Regal in der Ecke stehen hat: die Hardy Boys, Nancy Drew, Encyclopedia Brown. Du schreibst eine Geschichte über ein Mädchen in deinem Alter, das weit weg in England auf dem Land lebt und einen Fall löst, in dem eine Wetterfahne eine Rolle spielt: »Das Rätsel der falsch zeigenden Wetterfahne«, nach Nancy Drew Nr. 33, *The Witch Tree Symbol*. Prägend für die Handlung ist ein Sprichwort, das du von deiner Großmutter gelernt hast: »Wenn die Sonne scheint und Regen fällt, schlägt der Teufel seine Frau.« Der Schlüssel zur Lösung des Rätsels liegt in diesem scheinbaren Widerspruch: dass die Sonne bei Gewitter scheinen kann, genauso, wie es dazu kommen kann, dass eine Wetterfahne in die falsche Richtung zeigt.

Mrs. Messick will dich zu einem Treffen von Lehrkräften aus dem ganzen County mitnehmen, und deine Mutter ist hocherfreut. Sie nimmt den Block, auf den du die Geschichte geschrieben hast, mit zur Arbeit, und die nette Sekretärin tippt deine handgeschriebenen Seiten ab. Nirgends auf den gesamten sechzig Seiten wird die Familie oder das häusliche Leben der Hauptperson erwähnt. Auf dem Treffen bestaunen sie deine Fantasie, wie du über einen Schauplatz und Erlebnisse schreibst, die so anders sind als das, was du kennst.

Dies ist ein Jahr großer Veränderungen. Jimmy Carter ist zum Präsidenten gewählt worden, und deine Mutter ist zum Amtseinführungsball eingeladen. Was ein Ball ist, weißt du aus *Cinderella*, und du stellst dir vor, wie deine Mutter zu so etwas geht, in einem eleganten Abendkleid, das deine Großmutter nähen wird, bis du deine Mutter am Telefon sagen hörst: »Nein, Mama, ich gehe nicht hin. Joel würde sich dort nicht wohlfühlen, unter diesen Leuten.« Selbst du weißt, was damit gemeint ist.

Du sitzt in Gesundheitserziehung für Fünftklässler, als du Bill Withers' »Lean on Me« als Soundtrack zu einer Szene in einem Film über Drogensucht hörst. Eine Polizistin ist in die Klasse gekommen, um über die Gefahren illegaler Drogen zu sprechen, und du sitzt im Halbdunkeln und guckst auf die Leinwand, während die Filmspule ratternd anläuft. Als der Song kommt, ist da eine Frau am oberen Ende einer Treppe. »So sehen Entzugserscheinungen bei Heroin aus«, sagt die Voiceover-Stimme. Die Frau trägt eine Jeans-Schlaghose und einen Afro wie deine Mutter, und sie taumelt die Treppe herunter, prallt von einer Wand an die andere, und aus ihrem offenen Mund kommt etwas milchig Weißes. Bill Withers singt: »*Lean on me, when you're not strong/And I'll be your friend, I'll help you carry on*«, und du hältst es nicht mehr aus. Du musst raus. Aber du kannst nicht vergessen, was du gesehen hast. Von jetzt an wirst du immer, wenn du den Song hörst, an eine Frau denken, die aussieht wie deine Mutter und der es sehr schlecht geht.

Du bist in der fünften Klasse, als du das erste Mal hörst, wie deine Mutter geschlagen wird. Ihr wohnt erst ein paar Monate in dem Haus, und manchmal hat dein Bruder Angst, allein in seinem neuen Zimmer zu schlafen. Sein Zimmer ist von deinem den Gang runter direkt neben dem Schlafzimmer von deiner Mutter und Joel. Dazwischen ist nur eine dünne Wand. Du deckst Joey im oberen Stockbett gemütlich zu und horchst vom unteren aus, wie er einschläft. Da hörst du es, das laute Schlaggeräusch, als Joels Faust sie trifft. Und dann die Stimme deiner Mutter, ein Wimmern fast, aber ruhig, rational: *Bitte, Joel. Bitte, schlag mich nicht wieder.* Soweit du weißt, ist es das erste Mal. Sehr wahrscheinlich ist es das nicht.

Du bist auf dem Flur, vor dem Klassenzimmer eurer Fünften. Mrs. Messick will wissen, warum du aus dem Klassenzimmer gelaufen bist, warum du den Polizeifilm nicht sehen willst, den ihr alle gucken sollt. Sie folgt dir in die Mädchentoilette ein Stück weiter den Gang runter, will wissen, was los ist, warum du den ganzen Tag im Unterricht unkonzentriert warst. Sie steht da, die Fäuste in die Hüften gestemmt, und guckt über ihre Brillengläser hinweg, als du es sagst:

»Heute Nacht habe ich gehört, wie mein Stiefvater meine Mutter geschlagen hat.«

Sie sieht dich forschend an, und ihre Fäuste lösen sich. Dann sind ihre Hände auf deinen Schultern, und du hörst diesen einen Satz, der dir sagt, dass das alles ist, was du erwarten kannst: »Weißt du«, sagt sie, »manchmal werden Erwachsene wütend aufeinander.« Als sie dich zur Tür dreht, damit du in die Klasse zurückgehst, weißt du, sie wird nichts tun.

Du bist in der fünften Klasse, und du bist müde. Du hast die ganze Nacht kaum geschlafen. Du kannst dich in der Schule kaum konzentrieren. Den ganzen Tag überlegst du schon, was du tun sollst. Den ganzen Tag schon überkommt dich heftige Scham, sooft du im Kopf wieder die flehende Stimme deiner Mutter hörst. Du beschließt, dass du etwas tun musst, egal, was deine Lehrerin gesagt hat. Du glaubst, du kannst deine Mutter irgendwie beschützen.

Zu Hause passt du einen Moment ab, in dem deine Mutter allein ist; sie sitzt auf ihrem Bett, ihre linke Schläfengegend ist dunkel und geschwollen. Vor ihr stehend, auf gleicher Höhe, trittst du von einem Bein aufs andere, den Kopf gesenkt. »Mommy«, sagst du leise, damit es sonst niemand hört. »Du weißt doch, wenn man jemanden lieb hat und weiß, dass demjenigen was wehtut, dann tut es einem auch weh.« Du hast gewartet, bis der Satz ganz draußen ist, bevor du aufblickst, genau in ihre Augen, und alles dransetzt, ihrem Blick den Moment lang standzuhalten, bis ihr Mund sich öffnet. Es scheint, als ob sie etwas sagen will, aber dann nickt sie nur, die Lippen fest zusammengepresst, sodass gar nichts daraus hervorkommen kann.

Später an diesem Abend hörst du es. Die Stimme deiner Mutter, die zu Joel sagt: »Tasha weiß es.«

Du schämst dich und weißt nicht, warum. Die Bedürftigkeit in der Stimme deiner starken, schönen Mutter lehrt dich etwas über die Welt der Männer und Frauen, über Herrschaft und Unterwerfung. Du hörst es vom intimsten aller Orte ausgehen, dem Schlafzimmer mit dem Ehebett. Deine Scham und deine Traurigkeit verdoppeln sich. Du hörst in der Stimme deiner Mutter ein Flehen, dass er damit aufhören soll. Du hörst ihre verzweifelte Hoffnung: Wenn er weiß, dass *du* es weißt, wenn er weiß, dass *du* es hörst, dann wird die Misshandlung aufhören. Als ob die Tatsache, dass du ein Kind bist, dass du erst in der fünften Klasse bist, irgendetwas ändern würde. Und jetzt weißt du, dass du nichts tun kannst.

DU WEISST, DU WEISST, DU WEISST.

Schau dich an. Selbst jetzt noch glaubst du, du kannst dich von dem Mädchen wegschreiben, das du warst, dich in der zweiten Person distanzieren, als wärst nicht du diejenige, der das alles widerfahren ist.

7.

LIEBES TAGEBUCH

Außer sich sein, diese Redewendung bedeutet, von heftigen Gefühlen wie Trauer oder Angst derart überwältigt zu werden, dass man sich außerhalb des eigenen Körpers fühlt. Kognitionswissenschaftlern zufolge kann das Sprechen oder Schreiben über ein Trauma helfen, den Riss im Gewebe des Selbstseins zu heilen, den das Geschehnis verursacht hat. Heute glaube ich, dass meine Mutter mir deshalb das Tagebuch schenkte. Sie wusste, dass ich litt, dass ihre Situation mich belastete; ich hatte es ihr ja gesagt.

Jetzt, da ich *es wusste*, weitete sich das Schweigen zwischen uns aus. Joels Anwesenheit, sein wachsamer Blick, machten uns die Mutter-Tochter-Interaktion schwer, und sie und ich waren fast nie allein. Wenn Joel da war, zog ich mich in mein Zimmer zurück, drehte die Lautstärke meines Plattenspielers auf und übersetzte die Bewegungen, die ich in Ballett- und Gymnastikstunden gelernt hatte, in die Sprache von Ausdruckstanzsequenzen, die ich in der Schule vorführen würde. Ich tanzte immer wieder zu Roberta Flacks »The Impossible Dream« und Otis Reddings »(Sittin' on) The Dock of the Bay«. In Reddings Song war es die Melancholie, die mich ansprach, und wenn er sang *I left my home in Georgia*, stellte ich mir vor, wie es sein würde, von da wegzukommen, wo ich war. Es war, als wüsste ich bereits, dass Weggehen etwas war, das ich allein tun würde, dass es bedeuten würde, ohne meine Mutter zu sein, in seiner ganzen Traurigkeit.

»The Impossible Dream« wurde für mich zu einer Hymne, vor allem die Zeilen: *To fight the unbeatable foe/To bear with unbearable sorrow …* Und in der nächsten Strophe, *To right the unrightable wrong … To reach the unreachable star.* Ich verlor mich in der Musik und in diesen Worten, stumm, während die Choreografie meines Körpers artikulierte, was ich verbal nicht äußern konnte: das Bedürfnis, ein nicht gutzumachendes Unrecht, dessen Zeugin ich geworden war, gutzumachen. Ich wusste noch nicht, was es bedeuten würde, den unerträglichen Kummer zu ertragen, aber ich ahnte jetzt, welchen Kampf ich würde führen müssen, wer der Feind war.

Das Tagebuch war für mich ein entscheidendes Ventil. Meine Mutter wusste: Wenn da etwas in mir war, das einer Artikulation bedurfte, dann musste ich es aufschreiben. Ich mochte es immer schon, wie Bücher sich anfühlen, wie sie Worten buchstäblich Gewicht verleihen und sie zu einem heiligen Objekt machen, das ich in den Händen halten kann. Seit ich schreiben konnte, hatte ich selbst Bücher gemacht, indem ich Blätter aus Bastelpapier mit Geschenkband zusammenheftete und dann auf das Deckblatt in der feierlichsten Schönschrift, die ich zustande brachte, meinen Namen schrieb. Für dieses Tagebuch, mein erstes, hatte meine Mutter ein liniertes, ledergebundenes Exemplar ausgesucht, mit einer Goldbordüre auf dem Deckel und einem Schloss mit einem winzigen Schlüssel. Vorn hatte sie hineingeschrieben: »Für meine Tochter Natasha zum 12. Geburtstag. In Liebe, Mom.« Auch die Ränder der Seiten waren golden, wie um allem, was ich schreiben würde, einen glänzenden Rahmen zu geben. Ich war entzückt, ein Buch für meine Gedanken zu haben, ausschließlich für meine Augen.

Dieses Gefühl war nur von kurzer Dauer. Bald schon fand ich, als ich aus der Schule kam, das Schloss des Tagebuchs aufgebrochen. »Wer hat gesagt, du darfst nach Washington!«, sagte Joel, in meiner Zimmertür stehend. Ich hatte mich seit Monaten auf die Schulfahrt gefreut, und mein Vater hatte versprochen, die Hälfte der Kosten zu übernehmen, damit ich teilnehmen konnte. »Mom«, sagte ich, das Tagebuch in meiner Hand auf der Seite aufgeschlagen, auf der ich über meine Vorfreude geschrieben hatte.

»Das werden wir noch sehen«, sagte er, drehte sich um und ging davon.

Als es so weit war, durfte ich tatsächlich mit, höchstwahrscheinlich, weil meine Mutter interveniert hatte; vielleicht hatte sie Joel ja erklärt, dass mein Vater ärgerlich würde, wenn er herausfände, dass ich nicht mit auf eine schulische Exkursion durfte. Ich glaube nicht, dass Joel meiner Mutter je etwas von der Sache mit dem Tagebuch erzählt hat: dass er das Schloss aufgebrochen und den Inhalt gelesen hatte. Ich sagte auch nichts. Ich wusste, dass dies eine Sache zwischen ihm und mir war, und ich war entschlossen, entsprechend zu reagieren.

Ich begnügte mich jetzt nicht mehr damit, meine Tage zu schildern und meine Einträge mit »Liebes Tagebuch« zu beginnen, als schriebe ich einer engen Freundin, einem zweiten Ich. In der Gewissheit, dass er alles lesen würde, schloss ich das Kapitel Vertraulichkeit ab und fing neu an.

»Du blöder Arsch!«, schrieb ich. »Glaubst du, ich weiß nicht, was du tust? Du wüsstest nicht, dass ich so von dir denke, wenn du nicht mein Tagebuch lesen würdest.« Von da an war jeder Eintrag eine Litanei von Anklagen, meine Auflistung all dessen, was er getan hatte. Ich hatte nicht nur die Erwartung aufgegeben, dass meine Worte privat sein könnten, ich empfand sie jetzt sogar beinahe als einen Akt der öffentlichen Kommunikation mit einem bestimmten Ziel, und ich hatte erstmals das Gefühl, dass Macht darin liegen konnte, zu artikulieren, was ich zu sagen hatte. Und noch ermächtigender war, es *niederzuschreiben*. In meinem ersten Akt des Widerstands hatte ich ihn unbeabsichtigt zu meinem ersten Publikum gemacht. Alles, was ich artikulieren musste, floss jetzt in diese Seiten, roh und ungefiltert, und mit dieser neuen Stimme empfand ich zum ersten Mal ein tiefes Gefühl des Selbstseins. Ich konnte mich wehren, indem ich nicht mehr in meinem Inneren behielt, was mich sonst weiter gespalten und zerfressen hätte.

Zu dem Zeitpunkt wusste ich noch nicht, wozu Joel tatsächlich fähig war, und das erlaubte mir eine gewisse Furchtlosigkeit. Ich war sicher, er würde es meiner Mutter nicht sagen, weil er dann hätte zugeben müssen, was er tat: in die private Welt des Tagebuchs einzudringen, das sie mir geschenkt hatte. Und ich war auch sicher, dass er zu mir nichts dazu sagen würde, dass er so tun würde, als hätte er die Worte, die ich für ihn bereithielt, nie gesehen. Von da an erwiderte ich seinen Blick. wenn er mich ansah, und das Nachbild meiner Worte hing in dem Raum zwischen uns.

Ich hatte begonnen, mich selbst zu verfassen.

8.

KOSTENRECHNUNG

Eines Tages komme ich aus der Schule, völlig aufgedreht wegen meiner Neuigkeiten. Es ist früher Abend, und wir vier setzen uns an den Küchentisch. An den meisten Wochentagen habe ich nach der Schule noch irgendwelche Aktivitäten und komme zu spät nach Hause für diese »Familienabendessen«. Joel ist dann schon weg, darum sehe ich ihn zum Glück oft tagelang gar nicht.

An diesem Abend aber bin ich zu aufgeregt, um meine Neuigkeiten aufzusparen, bis ich sie meiner Mutter allein erzählen kann, deshalb platze ich damit heraus, kaum dass wir sitzen. Nicht nur bin ich bei der Schülerzeitung zur Redakteurin befördert worden, ich bin auch aufgrund einer Kurzgeschichte, die ich geschrieben habe, eingeladen worden, Quill & Scroll beizutreten, dem Klub, der die literarische Zeitschrift der

Schule herausgibt. Ich sehe meiner Mutter an, wie sehr sie das freut. Sie lächelt mich an, und ich bin wie eine Narzisse, hebe mein Gesicht zur Sonne hin. Ich rede weiter, wie toll ich das Kurzgeschichtenbuch finde, das wir im Englischunterricht benutzen, dass mir »A&P« von John Updike bisher am besten gefällt, dass ich vorhabe, für die nächste Ausgabe der Zeitschrift eine neue Geschichte zu schreiben. »Ich werde Schriftstellerin!«, verkünde ich.

»Du wirst nichts dergleichen tun«, sagt Joel mit einem Achselzucken. Er blickt dabei nicht mal von seinem Teller auf. Meine Mutter sitzt rechts von mir, und ich sehe sie aus dem Augenwinkel, eine tiefe Furche zwischen den Augenbrauen, die Kiefer so angespannt, dass sie mit geschlossenem Mund zu sprechen scheint: »Sie. Wird tun. WAS IMMER. Sie will.«

Ich bin geschockt, senke jetzt selbst den Kopf über meinen Teller, weil ich Angst habe, sie anzusehen oder ihn noch mehr zu reizen, indem ich über den Tisch hinweg seinem Blick begegne. Jahrelang hat sie den Mund gehalten, um seinem eifersüchtigen Zorn zu entgehen, mich fast ausschließlich nur dann ermutigt, wenn wir allein waren. Das jetzt ist anders, und ich kenne den Preis. *Dafür wird sie heute Abend geschlagen*, sage ich mir, und der Ton ist – selbst in meinem Kopf – resigniert, sachlich.

Den Rest des Essens verbringen wir schweigend, Joel finster, meine Mutter in stummem Trotz. Ich blicke verstohlen in ihr Gesicht, denke an die Blutergüsse, die sie morgen haben wird, an all die verborgenen Stellen ihres Körpers, die berührungsempfindlich sein werden, berechne den Preis, den sie immer weiter wird zahlen müssen, um mich zu retten.

Unzählige Male ist diese Szene in meinem Kopf abgelaufen: *Sie. Wird. Tun. WAS IMMER. Sie will.* Noch heute höre ich in der Stimme meiner Mutter, in ihrer beherrschten Zurückhaltung, die Ursprünge meiner eigenen.

[ ]

*Wenn ich versuche, über meine Mutter zu schreiben,
über diese verlorenen Jahre, an die ich mich nicht erinnern will, ist alles verstreut. Ich schreibe auf einen gelben
Notizblock, trage ihn mit mir herum, bis die Blätter sich
lösen, von der Klebebindung am oberen Rand abreißen.
Ich schreibe auf irgendwelche Stückchen Papier – Um-
schläge, Kassenbons –, die ich dann verlege. Ich mache
Sprachnotizen auf meinem Handy, meine Stimme hei-
ser und fremd. Ich schreibe verkehrt herum in mein un-
liniertes Tagebuch, mitten hinein, als wäre mein Herz
umgedreht worden. Ich sammle zusammen, was ich
kann, handbeschriebene Seiten, Notiz- und Tagebücher,
die ich gefüllt habe, gelbe und weiße Blöcke, auf meinem Schreibtisch gestapelt. Ich versuche, über Feuer zu
schreiben, unsere Ankunft in Atlanta. Eines Tages gehe
ich online, um über Brände zu recherchieren, darüber,
wie der Motor eines Autos in Brand geraten kann. In dieser Nacht schlafe ich tief und traumlos, und als ich am
Morgen aufwache, brennt mein Haus.*

II.

9.

HELLSICHT

Nur Wochen vor ihrem Tod besuchte meine Mutter
einen Hellseher. Das ist ein Detail, das mich nie losge-
lassen hat. Außer den Transkripten ihrer Telefongesprä-
che mit Joel und den Notizen für eine Rede, die sie sich
auf einem Notizblock machte, ist das einer der wenigen
Anhaltspunkte, die ich für die Konturen ihrer letzten
Tage habe. Um mich in diese Welt hineinzubegeben,
habe ich mir immer wieder dieselben Fragen gestellt:
Wie ging sie ihrem Alltag nach? Was dachte sie?
  Ich sage mir, dass ich vielleicht durch eine Art Ex-
periment eine Antwort finden kann: dass, wenn ich
selbst zu einem Hellseher gehe, dabei vielleicht etwas
herauskommt, das mir hilft, die Geschehnisse des Mai
1985 zu rekonstruieren. Ich will wissen, was sie in dieser
Stunde bei einem Medium erlebt hat, was sie von dieser

Begegnung mitgenommen haben könnte. War sie wie ich eine Skeptikerin? Eine Agnostikerin, willens, sich durch Beweise überzeugen zu lassen? Was ich mir nicht eingestehe, ist, dass in meine Entscheidung auch ein Moment von Verzweiflung einfließt, dass mein Besuch bei einem Medium mehr sein könnte als nur akademisches Interesse, so wie ihrer vielleicht mehr war als die bloße Unterhaltung, als die sie das Ganze damals hinstellte.

Meine Freundin Cynthia kennt ein Medium und bietet an, uns einen Termin bei diesem Mann zu machen. Ich bin bereit, die 150 Dollar zu zahlen, »einfach für die Erfahrung«, erkläre ich, aber ich befinde, dass er nichts über mich wissen soll. Ich begründe es mit meiner Skepsis, meinem Argwohn, er könnte vor unserer Begegnung im Internet Informationen sammeln, also einigen wir uns, dass sie den Termin arrangiert, aber nur sagt, sie werde mit einer Freundin kommen. Als zusätzliche Vorsichtsmaßnahme machen wir aus, dass sie ihm, wenn wir dort sind, einen falschen Namen für mich nennt: Cassandra. Als das Medium uns zum vereinbarten Termin die Tür öffnet, stellt mich Cynthia als »Cassie« vor.

Das Erste, was ich bemerke, ist sein Akzent. Er ist Brite und bietet uns an, Tee zu machen. Er macht sich gerade selbst welchen, und ich deute sein Angebot als

Mittel, ein paar Dinge über mich zu erfahren, den Versuch, mich zum Plaudern zu bringen, bevor die Sitzung beginnt. Also sage ich kaum etwas, nur übers Wetter – schon heiß für Anfang Mai –, und nehme auf der anderen Seite seines Schreibtisches Platz. Die Wohnung wirkt neu und spärlich eingerichtet. Auf dem Schreibtisch steht ein großer Computermonitor, und ich bemerke, dass er abgeschaltet ist, der Bildschirm dunkel. Cynthia setzt sich schräg rechts hinter ihn, sodass er ihr Gesicht nicht sehen kann. Ich sitze leicht zu ihm hingewandt und sehe sie nicht an. Zu Beginn lege ich mein Handy zwischen uns, um das Gespräch aufzuzeichnen.

Ich habe Auftritte von Medien im Fernsehen gesehen, und unsere Sitzung beginnt ganz ähnlich: Er fragt, ob zwei Monate für mich etwas bedeuten, Januar und August. Oft ist das der Moment, in dem jemand im Publikum oder die Person, für die die Sitzung durchgeführt wird, sagt, »Ja, das ist der Geburtsmonat meiner Mutter«, oder »Da ist mein Vater gestorben«. Es bietet einen Ausgangspunkt, einen Weg, dem das Medium folgen kann, um mehr Information zutage zu fördern und den Klienten oder die Klientin zu überzeugen, dass eine Kontaktaufnahme erfolgt. Es ist das erste Signal, dass die Toten angeblich mit Botschaften für die Lebenden in Erscheinung getreten sind. Die Lebenden – in ihrem Bedürfnis zu glauben – liefern dem Medium unwissentlich alle Informationen, die es braucht, um bestimmte Aspekte ihres Lebens zu erraten und daraus eine Geschichte zu weben, die sie so dringend hören wollen. Es ist ein wunderbarer Schwindel. Aber ich bin entschlossen, nicht »lesbar« zu sein, oder nur in irreführender Weise, und ihm so wenig wie möglich zu geben, am besten gar nichts. Ich behalte den Grund meines Kommens für mich.

Januar und August. Das sind die Geburtsmonate von Joel und meinem Bruder Joey. Ich überlege kurz und beschließe, dem Medium das zu sagen. »Ja, etwas kommt zu mir durch«, sagt er. »Ich weiß nicht, ob sie noch leben oder nicht …« Er verstummt. »Sie leben«, sage ich, mehr nicht. Ich sehe ihn leicht erwartungsvoll an, als wollte ich sagen, *Und?* Er hat vor sich einen Block liegen, auf dem er jetzt Dinge notiert, Daten und Zahlen, Worte, die er, wie er sagt, hört, jetzt, da die Toten sich ihm nähern, um zu sprechen. Ich aber glaube, er hat gemerkt, dass er so nicht weiterkommt, und denkt sich einen neuen Ansatz aus. Ich meinerseits »lese« das Medium, indem ich eine ähnliche Methode anwende. Er ist wohl Ende fünfzig oder Anfang sechzig, weiß. Sein lockiges, eher längeres Haar ist grau.

Die nächste halbe Stunde probiert er verschiedene Wege aus, an Information zu kommen, mich zum Reden zu bringen. Zuerst fragt er, ob jemand in meiner

Familie viel gereist sei, vielleicht beim Militär. Ich bin fast fünfzig, und Cynthia ist an die sechzig und weiß. Allein schon unser beider Äußeres legt ja nahe, dass ich vom Alter her durchaus einen Elternteil gehabt haben kann, der beim Militär war – höchstwahrscheinlich während des Vietnamkriegs. Ich beschließe, ihm zu sagen, dass mein Vater bei der Marine war – sage aber nicht, bei der kanadischen Marine – und dass er 2014 gestorben ist. Ich tue es, um ihm etwas an die Hand zu geben, eine Spur, der er folgen kann, weil ich sehen will, was er sich zusammenspekuliert. Ich tue es, um nichts darüber preiszugeben, warum ich wirklich hier bin.

Mein Leben lang haben sich Leute gefragt, »was« ich bin, welcher ethnischen Zugehörigkeit oder Nationalität. Es ist mir vertraut, wie das Medium meine Herkunft zu ergründen versucht. Ich habe das immer wieder erlebt: dass jemand mich verstohlen mustert oder mich »exotisch« nennt und fragt: »Woher stammen Sie?« Einmal, in einem Kaufhaus, war der weiße Verkäufer hinterm Ladentisch zu ängstlich oder zu höflich, um zu fragen – wahrscheinlich wollte er auf keinen Fall eine Weiße beleidigen, indem er unterstellte, sie könnte irgendetwas anderes sein als weiß. Er musste auf die Rückseite meines Schecks die zusätzlichen Identifikationsangaben schreiben, die damals noch verlangt wurden: *race* und *gender*. Zögernd, den Stift überm Papier, versuchte er, mich anzusehen, ohne dass ich es merkte. Ich beobachtete sein Gesicht, als er nach einem zweiten und dritten Blick auf meine Züge, mein glattes, feines Haar, meine Hautfarbe und meine Kleidung mit sich zurate ging. Er bezog wohl auch ein, wie ich sprach und ob irgendwelche dieser Faktoren seiner Vorstellung von bestimmten Menschen entsprach – Schwarzen Menschen. Ich stand da und sagte nichts, während er die Buchstaben *WF* hinschrieb: das Kürzel für *white female* – weiße Frau. In derselben Woche hatte ich von einem anderen Verkäufer das Kürzel *BF* bekommen – *black female*, Schwarze Frau. Da war ich nicht allein gewesen, ich hatte mit einer Schwarzen Freundin an der Supermarktkasse angestanden. Jetzt schreibt das Medium auf seinen Notizblock die Buchstaben *NA*. Es gibt sicher diverse Möglichkeiten, wie ein gläubiger Klient auf dieses Detail reagieren könnte. Ich aber sehe in dem Moment nur eine Bedeutung dieser Buchstaben, sehe ihn immer wieder hinschreiben: *Not Applicable, Not Applicable. Not Applicable.* Nicht anwendbar. Als ob nichts, was wir hier tun, mir die Antworten bringen wird, die ich brauche.

Gelegentlich muss ich etwas sagen, um das Reading in Gang zu halten, also beschließe ich, ihm zu erzählen, dass mein Vater tatsächlich per Schiff um die Welt gefahren ist – naheliegend, da er ja bei der Marine war –, und das Medium scheint davon auszugehen, dass mein Vater meine Mutter an einem der exotischen Orte kennenlernte, an denen er mit der Marine war. Aber ich sehe, dass der Mann meine ethnische Herkunft immer noch nicht erraten kann. Wegen meiner Verschlossenheit ist er aufs Spekulieren angewiesen, und was er sich falsch zusammenreimt, bestärkt nur meine Skepsis. Ich grinse vermutlich ein bisschen, als er sagt, ich sei nicht nur »sehr clever«, sondern wisse »[meine] Denkvorgänge gut zu verbergen«.

Neue Taktik: Jetzt schreibt er auf seinen Block *May*.

»Ich empfange immer wieder etwas mit *May*«, sagt er. »Ein Name, jemand aus Ihrer Familie?«

»Nein«, sage ich kopfschüttelnd.

»*May. May.* Ich weiß nicht – überlegen Sie mal«, sagt er. Es ist nicht der Name von jemandem aus meiner Familie. Es ist der Monat Mai, und er vermutet schlauerweise, dass der Monat für mich eine Bedeutung haben muss, weil es der Monat ist, in dem ich ihn aufgesucht habe. Und natürlich stimmt das.

»Etwas kommt zu mir durch, aber es ist ziemlich fern, und ich kann es kaum hören. Manchmal kommen sie nicht nah genug heran, aber Ihr Vater schon. Er will, dass Sie wissen, wie stolz er auf Sie ist.«

Als er das sagt, steigen mir Tränen in die Augen. Rational weiß ich, dass das nichts ist, was das Medium im

Gespräch mit meinem Vater herausgefunden hat, aber es ist trotzdem wahr – und ich wusste es schon lange, bevor er starb. Ich weine nur deshalb leise vor mich hin, weil mein Vater erst ein paar Monate tot und die Trauer noch frisch ist.

Es ist die Reaktion, auf die er gewartet hat. Darum, so muss das Medium schlussfolgern, bin ich hier. In Familien gibt es gemeinsame, archetypische Themen. Das ist die Domäne des Mediums: Die Toten wollen, dass etwas gelöst wird, versichert uns das Medium, oder sie wollen Vergebung oder Frieden. Sie wollen, dass wir wissen, es geht ihnen gut, und sie wollen, dass wir uns um uns selbst kümmern, selbst Frieden finden.

Es gibt eine ganze Palette an Bildern und Fragen, die ein Medium benutzen kann, um einen glauben zu machen, dass es Kontakt hergestellt hat: *Gibt es da jemanden, der zu früh gestorben ist? Ich empfange das Bild eines Hutes, Zigarrengeruch.* Das sind Dinge, zu denen wahrscheinlich jeder einen Bezug hat – und sei er noch so schwach. Er entscheidet sich für: »Hat jemand ein Bein verloren?« Ich beschließe, ihm diese Information zu geben – soll er damit arbeiten. Warum nicht? Ich warte darauf, dass meine Mutter spricht. Meine Großmutter hat ein Bein verloren. Die Mutter meiner Mutter.

NA NA, schreibt er. Ich könnte ihm sagen, dass das die ersten beiden Buchstaben meines Vornamens sind –

worauf er wahrscheinlich antworten würde, dass er das empfängt, dass es ihm jemand sagt. Oder ich könnte ihm sagen, dass diese Buchstaben meinen Namen für meine Großmutter ergeben: Nana.

Das Medium weiß nicht, ob meine Mutter tot ist, und hat über sie kaum etwas gesagt. Er erklärt mir, dass mein Vater sehr präsent ist, laut, dass er das ganze Reden übernimmt. Selbst wenn meine Mutter da wäre, sagt er damit implizit – weil er ja nicht weiß, ob sie noch lebt oder schon tot ist –, nimmt mein Vater allen Raum dort in der Unterwelt ein, redet die ganze Zeit, und nur meine Großmutter hat es geschafft, auch mal zu Wort zu kommen.

»*May*«, sagt er wieder und sieht mich mit schief gelegtem Kopf an. Das ist die Aufforderung an mich, endlich zu erkennen, was mir die ganze Zeit entgangen ist, zu sagen, *Ja, klar!* – und ich tue es immer noch nicht. Ihm bleibt nichts anderes übrig, als unsere Sitzung in Richtung Ende zu steuern. »Ihr Vater sagt, Sie müssen gut für sich sorgen«, erklärt er mir. »Er sagt, Sie werden wiederkommen und das hier noch mal machen wollen; Sie *müssen* es tun.«

Als wir gehen, versuche ich, vor Cynthia zu verbergen, was ich denke, indem ich nur darüber rede, wie falsch dieser Mann lag, wie er sich abgemüht hat, meine ethnische Herkunft und den Grund meines Kommens herauszufinden. Ich sage ihr nicht, dass ich bei aller zur Schau gestellten Skepsis alles dafür gegeben hätte, eine Botschaft von meiner Mutter zu erhalten, dass ich mir nichts mehr gewünscht hatte, als dass die Behauptung des Mediums, mit den Toten in Kontakt treten zu können, wahr wäre.

Stattdessen bleiben mir nur zwei Möglichkeiten: zu glauben, dass er ein Schwindler ist, oder zu glauben, dass meine Mutter nach all den Jahren nicht gekommen ist, um mit mir zu kommunizieren, dass sie mir nichts zu sagen hat.

Ich warte, bis ich das Gespräch zwischen dem Medium und mir weitestgehend vergessen habe, bevor ich mir die Aufnahme der Sitzung anhöre. Tatsächlich warte ich zwei Jahre, in denen ich die Aufzeichnung auf meinem Handy mit mir herumtrage; sie hat den Dateinamen »Medium« und ist mit Datum und Dauer versehen: 5–6-2015; 1:22:46. Beim Verlassen seiner Wohnung wusste ich, ich würde die Sitzung noch einmal Revue passieren lassen wollen, zu Recherchezwecken; ich war mir sicher, die Distanz würde mich das ganze Unterfangen noch geringschätziger abtun lassen. Meine Haltung ist süffisant, als ich auf Play tippe, süffisant auch während des größten Teils der Aufnahme. Dann höre ich es, das, was er vor zwei Jahren immer wieder gesagt hat: *May, May, May.* »Ja, es war Mai, der Monat vor ihrem Tod, der fünfte Monat des Jahres«, sage ich laut und beobachte, wie die Zeitanzeige auf meinem Handy die Minuten herunterzählt. Da geht es mir plötzlich auf: Er ist Brite, und wenn ich das Datum numerisch schreibe, auf die Art, wie er es möglicherweise in seinem Terminkalender tut, sähe es so aus: zuerst der Tag, dann der Monat: 6–5-2015. Amerikaner würden das als 5. Juni lesen, was der dreizehnte Todestag meiner Mutter ist. Es trifft mich so heftig, dass ich weine.

War mein Widerstand so stark gewesen, dass ich ihr keinen Raum gegeben hatte, zu sprechen? Hatte sie eine andere Möglichkeit gefunden, mich wissen zu lassen, dass sie da war?

Numerologie ist eine Art Glaube, die Überzeugung, dass eine mystische Beziehung zwischen Zahlen und Geschehnissen besteht. Als ich zu dem Medium ging, hatte ich nur die sehr vage Hoffnung, dass meine Mutter durch diesen Mann sprechen würde, und selbst *das* gestand ich mir nicht ein. Ich wäre nie auf die Idee gekommen, dass ich stattdessen in Zahlen Bedeutung finden würde. Aber jetzt ist mir klar, dass ich immer schon ein obsessives Verhältnis zu Zahlen hatte, sowohl als Omen als auch als ein Mittel, meine Vergangenheit zu verstehen – die von ihnen enthüllten Muster zu erkennen, Sternbildern gleich, die man nur am klarsten Nachthimmel ausmachen kann.

Ich halte seit Langem an der Vorstellung fest, dass meine Geschichte in meinen Sternen geschrieben steht: dass da für mich ein Muster existiert, beginnend mit meiner Geburt, als Kind einer »gemischtrassigen« Ehe, am Konföderierten-Gedenktag, genau hundert Jahre nach jenem 26. April, an dem dieser Tag in Mississippi das erste Mal gefeiert wurde; ein Muster darin, dass der einzige Geburtstag meiner Mutter, an dessen Feier ich mich erinnere, ihr sechsundzwanzigster war, zu dem ich ihr einen Kuchen in der Form einer halben Wassermelone dekorierte, mit sechsundzwanzig schwarzen Kernen, einem für jedes Lebensjahr; darin, dass mein eigener sechsundzwanzigster Geburtstag von Schwermut gekennzeichnet war, weil ich wusste, ich hatte erstmals ein Alter erreicht, bei dem mir lebhaft präsent war, wie meine Mutter es erreicht hatte; darin, dass das Jahr, in dem wir nach Atlanta zogen, 1972, eben jenes Jahr war, in dem das Konföderierten-Denkmal am Stone Mountain schließlich fertiggestellt wurde; darin, dass mein Name von dem griechischen Wort für »Auferstehung« stammt und dass ich jetzt das erreicht habe, was ich als ein zweites »Jesusjahr« ansehe, nach den dreiunddreißig Jahren seit ihrem Tod – meinem ganzen Erwachsenenleben ohne sie. Und dass ich dieses zweite

Jesusjahr mit zweiundfünfzig erreicht habe, was wiederum zweimal sechsundzwanzig ist.

So irrational es klingen mag, ich habe mich an das Muster aus diesen Zahlen geklammert, um Ordnung in das Chaos zu bringen, von dem ich so verzweifelt glauben will, es kontrollieren zu können – oder ihm gegenüber zumindest die Anerkennungsmacht zu haben, so wie die Alten zum Himmel blickten und die Mythen, nach denen sie lebten, dort übergroß stehen sahen. Mein rationales Denken weiß genau, was mein irrationales Denken tut. Warum also nicht beide gleichzeitig existieren lassen? So erschaffe ich schließlich Metaphern. Und so kommt es, dass ich plötzlich in Freudentränen ausbreche, weil ich eine Möglichkeit gefunden habe, doch noch zu glauben, dass dies ein Zeichen war: 6–5-2015, die simple Umkehrung der Zahlen durch die mögliche Datumsschreibweise des britischen Mediums – Beweis dafür, dass meine Mutter während meiner Sitzung bei ihm tatsächlich anwesend war.

Ich weine vor Freude, aber das Gefühl ist von kurzer Dauer. Als mein rationales Denken wieder übernimmt, ist da nur noch eine tiefe Wahrnehmung von Abwesenheit – dass, ob sie nun da war oder nicht, sie mir nichts zu sagen hatte. Bald schon weine ich nur noch über meine eigene Torheit, meine Verzweiflung.

10.

BEWEISMITTEL

Letzte Worte

Am Morgen des Todes meiner Mutter nimmt die Polizei ein von ihr handschriftlich auf einem gelben Notizblock verfasstes, zwölfseitiges Dokument zu den Beweismitteln. Eine Anmerkung in der oberen Ecke lautet: »Aus der Aktentasche der Toten, gefunden in deren Schlafzimmer. 6/5/85.« Es sollte fünfundzwanzig Jahre dauern, bis ich diese Worte erstmals zu Gesicht bekam.

Ich hatte von der Beratungsstelle für misshandelte Frauen gehört, lange bevor ich direkten Kontakt mit ihr aufnahm. Ich las alles, was mir unterkam, und zollte ihr im Stillen Beifall für ihre Arbeit. Ich hatte immer das

Gefühl, dass das eine Einrichtung war, der ich gern meine ehrenamtlichen Dienste anbieten würde, sobald die Kinder groß wären.

Ich wusste immer, dass ich aus meiner Ehe rauswollte. Sie gehörte zu den Dingen, zu denen es nie hätte kommen dürfen. Dass es doch dazu kam, lag an einer Kombination von emotionaler Erpressung, physischer Bedrohung und Einschüchterung. Ich habe meinen Mann nie geliebt und hatte deswegen Schuldgefühle, darum stürzte ich mich in das Bemühen, die beste Hausfrau/Mutter und Arbeitskraft weit und breit zu sein. Er wusste, dass ich ihn nicht liebte, und brachte mich immer aus dem Lot, indem er mich fälschlich beschuldigte, ihn zu betrügen. Dabei griff er auf einen Vorfall in der Zeit unseres Kennenlernens zurück, als ich mich auch noch mit anderen traf. Sein Lieblingssatz war: »Ich kann dir nicht trauen.« Da er immer sagte, er sei auch nicht glücklich, ging ich davon aus, dass wir uns mit Anstand trennen würden, wenn unser Sohn aufs College käme. An jedem Geburtstag des Jungen strich ich ein weiteres Jahr ab. Schließlich waren es nur noch acht.

Der Anfang vom Ende kam im Herbst 1978, als ich einen neuen Job annahm. Was nicht heißen soll, dass es in den neun Jahren vorher keine Probleme gegeben hätte. Ich war dankbar, wenn es nur ein Loch in der Wand war, das von einem Fausthieb stammte, oder eins

in einem Küchenschrank von einem Hammerschlag.
Meine körperlichen Verletzungen über die Jahre reichten
von blauen Augen über eine Fissur des Kieferknochens
bis zu Nierenprellungen und einem verstauchten Arm,
alles wegen Dingen, über die er sich »seine Gedanken
machte«. Ich lernte schnell, seine Stimmung einzuschät-
zen, und wurde eine Meisterin im Entschärfen von Situa-
tionen. Eins unserer Probleme war meine erfolgreiche
Berufstätigkeit. Er genoss zwar alles, was wir uns von
meinem Einkommen leisten konnten, neidete mir aber
den Erfolg.
Das Angebot mit dem neuen Job kam für mich über-
raschend. Ich besprach ausführlich mit ihm, dass zu mei-
nen neuen Aufgaben auch Reisen, zum Teil mit Über-
nachtungen, und gelegentliche Überstunden gehören
würden, und wir entschieden, dass ich den Job annehmen
sollte.
Das andere große Problem war meine Tochter aus vor-
heriger Ehe. Er behauptete immer, ich würde sie mehr
lieben als unseren Sohn, und wenn er auch nicht offen
grausam zu ihr war, schaffte er es doch, sie durch kleine
Dinge, die er tat, in ständiger Anspannung zu halten.
Wenn ich zu intervenieren versuchte, machte es das nur
schlimmer. Sie verbrachte ihre Vorpubertätsjahre haupt-
sächlich in ihrem Zimmer. Im Beruf entwickelte ich eine
Meisterschaft darin, mir meine Arbeit so einzurichten,

dass ich so wenig wie möglich außerhalb war. Meine Kolleginnen und Kollegen lernten rasch, mich nicht zu Drinks oder sonstigen Aktivitäten nach der Arbeit einzuladen, weil ich immer eine Ausrede parat hatte. Mir selbst gegenüber hatte ich auch eine Ausrede – meine Kinder brauchten mich, später würde für solche Dinge Zeit sein. Das war zwar nicht die reine Wahrheit, aber ich wusste, ich konnte mich nie drauf verlassen, dass mein Mann »da« wäre, wenn ich ihn brauchte. Schließlich, im Sommer 1983, begann ich nach zehn Jahren, Sachen für mich zu machen. Jedes Mal wurde die Reaktion meines Mannes schlimmer. Seine Anschuldigungen und Drohungen nahmen zu, und zum ersten Mal hatte er eine Pistole ...

Ich erinnere mich so genau an jenen Abend. Wir saßen am Küchentisch. Er war nicht direkt wütend, redete ganz sachlich, drohte mir dabei aber auf subtile Weise. Ihm fiel ein, dass ein Freund ihm eine Pistole gegeben hatte, und als er abrupt aufsprang und nach draußen ging, war ich sicher, dass er sie holen würde. Ich wollte flüchten, aber die Kinder schliefen oben. Also schloss ich stattdessen die Türen ab und rief die Polizei. Als er wiederkam, hatte ich gerade zu Ende telefoniert. Er nahm mir meine Erklärung ab, ich hätte geglaubt, er ginge weg, und die Haustür deshalb abgeschlossen. Als die Polizei kam, brach ich in Tränen aus. Er war ganz Mitgefühl, versicherte den Poli-

zisten, dass er mir nie etwas antun würde, dass er mich sehr liebe, und lächelnd gingen sie wieder. Danach sah er mich eisig an und sagte, »Ich kann es gar nicht leiden, wenn du mir die Polizei auf den Hals hetzt«, und machte da weiter, wo er aufgehört hatte.

Etwas, worauf er es besonders anlegte, waren »Diskussionen« mitten in der Nacht. Ich brauche von jeher acht Stunden Schlaf, also wusste er, dass ich es am nächsten Tag bei der Arbeit schwer haben würde. Diese Diskussionen häuften sich. Ich entwickelte Ess- und Schlafprobleme. Schließlich brach ich eines Tages auf der Arbeit in Tränen aus und musste weggebracht werden – alles Verhaltensweisen, die mir bis dahin fremd gewesen waren. Ich nahm drastisch ab, und der Gewichtsverlust dauerte an, bis mir Größe S zu groß war.

Im August fuhr ich zu meiner Mom, um sie zu besuchen und meine Tochter von ihrem Ferienaufenthalt dort abzuholen. Um meine Mutter auf meinen Gewichtsverlust vorzubereiten, erzählte ich ihr, mein Mann habe ein Alkoholproblem und wir hätten im Zusammenhang damit eine schwierige Zeit. (Von unseren wahren Problemen hatte ich nie jemandem etwas gesagt.) Als ich mit meinem Sohn losfuhr, erklärte ich meinem Mann, ich könne so nicht weiterleben und wir bräuchten eine Paartherapie. Ich erwartete keine positive Reaktion, weil ich das schon fünf Jahre zuvor versucht hatte und seine Antwort gelautet hatte: »Das einzige Problem, das wir haben, ist, dass ich dir nicht trauen kann.«

Diesmal schlug er mir ein Schnippchen, indem er eine Paarberatung kontaktierte und einen Termin machte – für nach meiner Rückkehr. Während ich fort war, ging ich zu unserem alten Hausarzt, der mich als depressiv diagnostizierte und mir, nachdem ich ihm versichert hatte, ich hätte keine Selbstmordgedanken, Medikamente verschrieb. Sein Kommentar lautete: »Ich kann Ihnen etwas geben, das Ihnen hilft, mit der Situation fertigzuwerden, aber Heilung bringt es nur, wenn Sie da rauskommen.«

Ich genoss die Therapiesitzungen. Zum ersten Mal seit zehn Jahren hatte ich das Gefühl, all das äußern zu können, was ich so lange unterdrückt hatte. Einmal sagte die Therapeutin, ich solle die ganze nächste Woche tun, wozu ich Lust hätte, und nur das. Ich erinnere mich, das Schönste, was ich machte, war, in der Abenddämmerung in hohem Tempo den Expressway entlangzufahren, den Wind in den Haaren.

Nach zwei Monaten Therapie erkannte ich schließlich, dass ich nicht noch acht Jahre warten wollte, bis ich aus dieser Beziehung herauskäme. Ich wollte sie sofort beenden. Als ich das in einer unserer Sitzungen sagte, sah ich, wie die Wut in seinen Augen hochkochte. Sie brach als Schwall von wüsten Beschimpfungen hervor,

und er stürmte türknallend aus dem Therapieraum.
Ich saß geschockt da. Nicht nur wegen seiner Reaktion,
sondern weil ich überhaupt den Mut gehabt hatte, das
zu sagen. Ich fragte mich, wie ich nach Hause kommen
sollte, weil ich kein Geld für den Bus hatte, doch als ich
hinausschaute, wartete er da. Er fuhr wie ein Irrer, ver-
fehlte nur knapp einen Jogger und beschimpfte ihn durchs
Seitenfenster. Ich duckte mich in meine Ecke, traute mich
nicht, irgendwas zu sagen.

Zu Hause ging er sofort wieder weg, und ich war froh
und hatte gleichzeitig Angst. Diese Angst war berechtigt.
Als er zurückkam, weckte er mich, und wir gingen in die
Küche, »diskutieren«. Er saß am Tisch und spielte mit
einem Messer. Er hatte mich schon öfter mit einem Mes-
ser bedroht (einmal machte er eine Zeichnung, wie er mir
das Gesicht zerschneiden würde) und erklärte mir ganz
ruhig, da ich beschlossen hätte, ihn zu verlassen, werde
er mich töten. Er erinnerte mich daran, dass er ja bereits
gesagt hatte, er werde es tun, wenn ich ihn verließe. Ich
begann, ihn anzuflehen, und erwähnte die Kinder. Seine
Antwort war, er werde sie ebenfalls töten und dann sich
selbst ...

Er sagte, er werde so nett sein, mich wählen zu lassen,
wie ich sterben wolle. Als ich nicht antwortete, setzte er
mir das Messer an die Kehle und sagte, gut, dann werde
er mich damit töten. Also erwiderte ich, ich würde die

Tabletten nehmen, die ich gegen die Depression bekommen hatte. (Ich hatte die meisten davon noch, weil er nicht wollte, dass ich sie nahm. Schon eine Pille machte mich am nächsten Tag völlig groggy und benommen.) Das Messer an der Kehle, schluckte ich drei Pillen, bevor ich völlig wegtrat. Das Letzte, woran ich mich erinnere, ist, nach oben geschleppt und aufs Bett gelegt zu werden. [Notiz am Heftrand: »Mehrmals in dieser Nacht fühlte ich seine Hände um meinen Hals.«]

Am nächsten Tag wachte ich benebelt auf, musste aber zur Arbeit, weil ich eine Vorladung hatte, um bei einer Anhörung als Zeugin auszusagen. Er kam herunter in die Küche und erklärte, er wisse, dass er es wahrscheinlich bereuen werde, habe aber beschlossen, mich am Leben zu lassen. Wenn ich allerdings noch einmal irgendetwas täte, was ihn ärgere, dann werde er gar nichts sagen, sondern mich einfach im Schlaf töten. An diesem Tag begannen meine Verdauungsprobleme.

Die Woche verging in einer Art Nebel. Am nächsten Montag teilte er mir mit, dass wir nicht mehr in die Therapie gehen würden. Am Dienstag rief ich die Therapeutin an, um es ihr zu sagen, und sie fragte, was passiert sei. Als ich es ihr erzählt hatte, sagte sie, es sei gefährlich für die Kinder und mich, dazubleiben, weil er dekompensiere und sie das schon lange habe kommen sehen. Sie verwies mich an Rena Bishop von der Beratungsstelle für misshandelte Frauen. Es dauerte vierundzwanzig Stunden, bis ich den Mut aufbrachte, Rena anzurufen. Ich war in einem Schockzustand, weil mir die Auswirkungen dessen klar wurden, was mir gesagt worden war. Bei meinem ersten Anruf war Rena gerade nicht erreichbar, und eine andere Beraterin fragte, ob sie mir helfen könne. Als ich ihr erklärte, warum ich anrief, befragte sie mich zu meiner finanziellen Situation und verwies mich an das Frauenhaus der Heilsarmee, da ich ja zahlen könne. Danach sprach ich nur noch mit Rena. Ich war sofort beeindruckt von ihrer mitfühlenden und direkten Art. Ich hatte gar keine Gelegenheit, uneindeutig darin zu sein, was ich wollte. Sie verwies mich an den Anwalt John Sweet, der einen guten Ruf habe, wenn es um Scheidungen gehe, bei denen Schutz wichtig sei. Ich solle ihn möglichst am Donnerstag aufsuchen und mich dann wieder bei ihr melden.

Ich konnte John erst am Freitag um 14:00 treffen. Er glich von seiner Persönlichkeit Rena. Um 16:00 hatte er meinen Scheidungsantrag und die Schutzanordnung diktiert. Er wollte, dass ich bis zum Abend das Haus verlassen hätte, aber ich hatte keine Zeit. Er entschied, dass ich am Montag um 9 Uhr morgens in seinem Büro sein sollte, aber das war ein Feiertag, und mein Mann war zu Hause, also einigten wir uns auf Dienstag 9:00. Seine letzte Frage an mich war: »Glauben Sie, Sie können ihn übers Wochenende in Schach halten?«

Ich konnte es. Es war das Schwerste, was ich je getan habe. Ich saß da und versuchte zu planen, was ich tun würde, und er sah mich an und fragte, woran ich dächte. Er sprach darüber, wie mager ich sei und dass ich »gemästet« werden müsse, und wir besuchten seine Mutter.

Der Tag meiner Flucht war trübe, regnerisch und kalt. Ich war am Abend vorher ins Zimmer meiner Tochter gegangen und hatte ihr gesagt, dass wir weggehen würden, dass sie die Sachen, die sie mitnehmen wolle, zusammensuchen und bereitlegen solle und dass ich sie von der Schule abholen würde. Beim Aufwachen war mein Sohn krank. Ich half ihm, sich anzuziehen, und ließ ihn im Bett zurück. Mein Mann ging so um 7:30 aus dem Haus. Ich hatte eine Stunde, bis ich zu Johns Büro losmusste. Ich brauchte eine Stunde und zwanzig Minuten. Ich brachte Wintermäntel etc. zu einer Freundin, warf hastig Sachen in mein Auto und nahm meinen Sohn und den Hund.

Ich hatte Angst. Von Johns Büro fuhren wir zum Gericht. Alles wurde eingereicht. Ich wusste, ich musste Rena anrufen. Mein Sohn dachte, wir machten Ferien, also beschloss ich, die erste Nacht in einem Hotel zu verbringen. Ich hatte Angst, draußen zu sein. (Mein Mann kam oft mitten am Tag nach Hause.) Als wir im Hotel waren, versuchte ich, Rena zu erreichen. Sie sagte, ich solle versuchen, meine Tochter bei einer Freundin unterzubringen (da sie älter war als die meisten Kinder dort), und mein Sohn und ich sollten sofort kommen. Ich sagte, wir würden am nächsten Tag kommen, aber sie warnte mich vor, sie könne nicht garantieren, dass dann ein Zimmer frei wäre. Als ich meine Tochter abholte, hatte sie eine gute Nachricht. Eine Klassenkameradin hatte sie eingeladen, bei ihr zu übernachten. Am nächsten Tag war das Frauenhaus voll. Rena verwies uns an ein kirchliches. (Es lag dummerweise in der Nähe vom Arbeitsplatz meines Mannes.) Inzwischen hatte sich meine Angst davor, draußen auf der Straße zu sein, verdreifacht. Wir waren gerade mal zwei Stunden dort, als Rena anrief, um zu sagen, es gebe jetzt doch ein Zimmer im Frauenhaus der Beratungsstelle für uns.

Ich war angenehm überrascht, dass das Frauenhaus nichts von einer Institution hatte und mich eher an ein Studierendenwohnheim erinnerte – nur mit Kindern. Wir hatten das »beste« Zimmer. Trotzdem war es eine ganz schöne Umstellung nach einem Haus mit vier Schlafzimmern. Als Erstes stand die Aufnahme an. Die Reaktion auf meinen Bildungsgrad, meine berufliche Position und mein Gehalt war interessant. Ich hörte mehrstimmiges »Sie verdienen mehr als ich«, »Ich habe meinen Master in Sozialer Arbeit noch nicht« und »Vielleicht können Sie mir ja helfen, einen Job zu finden«. Die Aufnahmeprozedur endete damit, dass sie befanden, es gebe nichts, was sie für mich tun müssten, da ich weder

Prozesskostenhilfe noch Sozialhilfe, eine Sozialwohnung oder einen Job bräuchte. Ich war mental und körperlich zu müde, um zu widersprechen. Was ich in dem Moment wirklich brauchte, war eine Tasse Tee ...

Ich bekam eine Liste mit »Regeln«, die ich las, und wurde dann mir selbst überlassen. Das Abendessen war in Arbeit, und zum ersten Mal seit Wochen hatte ich Hunger. Ich hörte jemanden rufen, es sei fertig, und wagte mich in den Speiseraum. Ich stand ein paar Minuten beobachtend da, kam dann zu dem Schluss, dass ich mir einen Teller nehmen und mich hinsetzen sollte. Viel konnte ich nicht essen.

So weit ist sie gekommen. Mitten im Schreiben muss sie immer noch die Hoffnung – wenn nicht gar den festen Glauben – gehabt haben, dass ihre Geschichte eine Geschichte des Entkommens, des Neuanfangs war, dass ein Happy End vor ihr lag, ja, dass sie es bereits lebte. Ich denke an Orson Welles' Worte: »Wenn Sie ein Happy End wollen, hängt das davon ab, wo Sie die Geschichte abbrechen.«

11.

HALLELUJA

Meine Mutter fliegt. Sie lächelt, und ihre schlanken Arme machen wellenförmige Bewegungen wie die Flügel eines Vogels. Es ist Hochsommer, 1984. Morris Day and the Time kommen im Radio. Sie spielen den neuen Lieblingssong meiner Mutter – »The Bird«. Sie tanzt, als wäre sie frei, sich emporzuschwingen. Und endlich (*Squawk, Hallelujah!*) ist sie es. Ich habe sie seit Jahren nicht mehr so losgelöst gesehen. Sie sagt es nicht, aber wir feiern. Joel ist im Gefängnis, mit fast einem Jahr Haft vor sich, und sie ist zum ersten Mal seit zehn Jahren frei.

In diesem Moment sind wir weit entfernt von der Nacht im Jahr 1983, als meine Mutter ihren Fluchtplan in die Tat umsetzte. »Tu alles, was du mitnehmen willst, vorn in deinen Schrank und gestapelt auf deine Kommode«, hatte sie gesagt. »Nimm nach der Schule nicht den Bus nach Hause. Ich hole dich ab.« Ich brauchte keine Erklärung. Vielleicht hatte ich bereits etwas gemerkt: nicht an ihrem Gesicht, dem üblichen stoischen Lächeln, das sie mir zeigte, aber an etwas Ungewöhnlichem in ihrem Verhalten der letzten Wochen.

Seit ich auf der Highschool war, hatten sie und ich sehr wenig Zeit miteinander verbracht, deshalb wunderte mich ihre plötzliche Anhänglichkeit, als ich eines Abends in die Küche kam, um zu sagen, dass ich noch mal kurz wegmüsse, etwas erledigen. Joel saß am Tisch, die langen Beine gekreuzt, und beobachtete sie beim Wischen der Arbeitsplatte – den Kopf so gedreht, dass er sie mit dem linken Auge mustern konnte, das noch weiter hervorzutreten schien, wenn er wütend war. Sie hatten anscheinend nicht geredet, als ich nach unten kam, oder vielleicht auch nur so leise, dass ich es nicht hören konnte. Es war eine kleine Geste, die mir auffiel, etwas Mädchenhaftes darin, wie sie rief: »Ich komme mit!« Und wie sie, als wir nebeneinander hergingen, meine Hand hielt und sie ein bisschen schwang, so wie vor langer Zeit, als ich als kleines Kind neben ihr hergehüpft war.

Das Gefühl ihrer Hand in meiner – es war, als wäre da eine Leitung zwischen uns. Ehe ich mich's versah, erzählte ich ihr endlich alles, was ich jahrelang zurückgehalten hatte. *Er quält mich, wenn du nicht zu Hause bist*, hörte ich mich sagen. *Lange konnte ich samstagmorgens, wenn du einkaufen warst, einfach in meinem Zimmer bleiben und so tun, als würde ich noch schlafen, bis du wieder da warst. Aber jetzt kommt er einfach in mein Zimmer und schikaniert mich, sobald du aus dem Haus bist.*

Nicht lange danach, an einem Montagabend im Oktober, klopfte sie an meine Tür und kam leise herein, die Arme verschränkt, als umarmte sie sich selbst, während sie sprach. Ich lag auf dem Bett und las. Wenn ich jetzt daran zurückdenke, höre ich im Kopf nur meine eigene Stimme – *Tu alles, was du mitnehmen willst, vorn in deinen Schrank und gestapelt auf deine Kommode. Nimm nach der Schule nicht den Bus nach Hause. Ich hole dich ab.*

Ich habe nur ein visuelles Bild von ihr, sooft die Szene wieder vor mir abläuft, der Klang ihrer Stimme ist längst verschwunden. Ich sehe ihre steifen Bewegungen, sehe sie, dünner denn je in ihrem gelben Bademantel, sich umdrehen und durch den Gang zurückgehen, zu dem Zimmer, wo er, wie ich weiß, fernsieht und auf sie wartet.

Ich werde schlafen gehen, waren meine Gedanken, *und wenn ich aufwache, werde ich ihn nie wiedersehen.* Aber ich sah ihn wieder. Keine Woche später kam er, weil er sie nicht finden konnte, dahin, wo er mich an einem Freitagabend wusste: beim Highschool-Footballspiel im Panthersville Stadium. Ich war mit den anderen Cheerleadern unten auf der Leichtathletikbahn am Spielfeldrand, als er durch den Tribünenzugang beim Getränkestand kam. Es gab nur eine Handvoll Leute, die wussten, was los war – darunter meine beste Freundin und ihr Vater, die direkt vor mir saßen, wenige Reihen weiter oben, und aufpassten, ob Joel auftauchte. Ich weiß nicht mehr, warum wir annahmen, dass er kommen würde – vielleicht schien es logisch, dass er versuchen würde, meiner Mutter in dem Frauenhaus, das er noch nicht hatte ausfindig machen können, eine Botschaft zu übermitteln.

Ich entdeckte ihn ganz oben im Tribünenzugang und beobachtete – obwohl ich so tat, als guckte ich nicht hin –, wie er die Tribüne herunterkam. Er hatte dieses wilde Aussehen, das ich kannte: sein Afro unförmig, das linke Auge hervorgequollen, größer als das andere. Als er sich einen Sitz genau vor meiner Freundin und ihrem Vater aussuchte, konnte ich nicht länger so tun, als bemerkte ich ihn nicht, also winkte ich lächelnd und formte die Worte: »Hey, Big Joe.«

Hey, Big Joe, hatte ich zu ihm gesagt, und danach blieb er nicht mehr lange.

Jahre später las ich in den Gerichtsdokumenten, dass er seinem Psychologen in der Klinik der Veteranenverwaltung erzählt hatte, er habe eine Pistole dabeigehabt und mich dort auf der Leichtathletikbahn am Spielfeldrand töten wollen, um meine Mutter zu bestrafen. Er habe es, erklärte er bei seinem Prozess, deshalb nicht getan, weil ich gewinkt und ihn nett begrüßt hätte.

Ich wusste noch nicht, dass mich diese Szene – bevor ich je seine Worte las – über die Jahre verfolgen würde: meine Geste ihm gegenüber eine Art Verrat an meiner Mutter. Hatte ich damals schon gewusst, zuerst nur in meinem Körper, dass mein Tun den Lauf des Geschehens verändert hätte? Wenn er mich dort getötet hätte, wie er es geplant zu haben behauptete, dann wäre er gefasst, verurteilt und eingesperrt worden. Durch mein Lächeln und meine Begrüßung hatte ich unwissentlich mich selbst gerettet.

Im Dezember, nachdem sie den Antrag gestellt hatte, war die Scheidung rechtskräftig, und meine Mutter, Joey und ich waren in unsere neue Wohnung am Memorial Drive in Stone Mountain gezogen. Sie hatte die Unterzeichnung des Scheidungsurteils abgewartet, bevor wir noch einmal in das Haus zurückkehrten, um unsere restlichen Sachen zu holen und es für den Verkauf leer zu räumen. Wir mussten schnell machen, weil Joel sich selbst in die Veteranenklinik eingewiesen hatte und sie – entgegen dem psychiatrischen Rat – jederzeit verlassen konnte. Sie übertrug mir das Ausräumen des Kellers, wo Kartons mit alten Unterlagen standen, die sortiert werden mussten. Ich sagte es ihr nie, aber dabei entdeckte ich, dass Joey in Wirklichkeit mein Halbbruder ist, nicht, wie ich gedacht hatte, mein Stiefbruder. Ich starrte lange auf die Geburtsurkunde, wo sie als »Mutter« angegeben war, und konnte einfach nicht begreifen, warum sie es ihrer eigenen Mutter nie gesagt hatte. Wie ich hielt auch meine Großmutter Joey für den leiblichen Sohn einer anderen Frau.

Der Schock dieser Entdeckung wurde bald durch Scham abgelöst, als ich hinausging, um Sachen in den Umzugswagen zu bringen. Meine Mutter hatte Joels sämtliche Pornohefte hinter der Bar im Wohnzimmer hervorgeholt und neben dem Briefkasten auf dem Gehweg gestapelt. Es müssen fünf Stapel gewesen sein, jeder über einen Meter hoch. Als ich sah, wie die Jungen aus der Nachbarschaft sich so viele Hefte wie möglich schnappten, bevor sie davonradelten, war mir das unsäglich peinlich.

Meine Mutter schien ungerührt, als sie damit weitermachte, Zeug, das wir entsorgen wollten, auf den Gehweg hinauszubringen. Es war, als läge ihr, nachdem sie einmal beschlossen hatte, zu fliehen, nichts mehr daran, die üblen Geheimnisse dieses Hauses zu bewahren. Sie enthüllte alles: Die Wahrheit unseres Lebens mit Joel lag jetzt offen zutage, gleich unter dem Namensschild am Briefkasten. GRIMMETTE.

Ich fand mich leicht in mein neues Leben ein. Es war mein letztes Highschool-Jahr, und ich konnte jetzt selbst mit dem Auto zur Schule und zum Cheerleading- oder Gymnastiktraining fahren. Wenn ich nachmittags nach Hause kam, brauchte ich nicht zu befürchten, dass Joel da war. Statt direkt in mein Zimmer zu gehen, konnte ich jetzt in der Küche oder auf der geschützten Veranda sitzen und lesen und Tee trinken. Mein liebster Nachmittagssnack waren ein Stück knuspriges Brot und köstlicher Käse, den meine Mutter für mich bereitgestellt hatte. Hübsch symmetrisch auf einem strahlend weißen Teller angeordnet und mit etwas Honig beträufelt, schien das Mahl ein perfekter Ausdruck der friedlichen Ordnung, die sie nach so vielen Jahren des Chaos für mich geschaffen hatte. An den Kühlschrank hatte sie den Frühstücks- und Abendessensplan für die Woche gepinnt. Zum ersten Mal seit Jahren fühlte sich alles normal an – wenn auch meine Lehrerinnen und Lehrer an meinem Verhalten in der Schule keinen Unterschied bemerkt hätten. So wie meine Mutter ihren Arbeitskolleginnen und -kollegen gegenüber geschwiegen hatte, hatte ich nie jemandem von den Lehrkräften erzählt, was sich in dem Haus, aus dem wir geflohen waren, abspielte.

Für meinen Bruder war es schwerer, und meine Mutter war mit ihm bei einem Kinderpsychologen, um ihm zu helfen, das Trauma der Trennung zu verarbeiten. Er hatte Schwierigkeiten in der Schule und war oft mürrisch und verstockt. Einmal willigte sie, um Joey glücklich zu machen, ein, ihm Schuhe zu kaufen, die er sich wünschte – obwohl es sie nicht in Kindergrößen gab. Ich erinnere mich, wie ich im Auto saß, während sie stundenlang in der Stadt umherfuhr, um ein Paar blaue Veloursleder-Adidas zu finden, die klein genug für seine Füße waren. Es war wenige Wochen vor Weihnachten, und als im Radio »This Christmas« von Donny Hathaway kam, drehte sie es laut auf und sang so fröhlich mit, dass ich dachte, es würde die Hymne für all unsere zukünftigen Weihnachten werden. Heute kann ich den Song, sosehr ich ihn liebe, nicht hören, ohne dass mir die Tränen kommen – Freude, versetzt mit Trauer.

Wir hatten nur zwei kurze Monate des Aufatmens, bevor Joel sie das erste Mal umzubringen versuchte, am Valentinstag 1984. An jenem Morgen war ich in meinem Zimmer, das nach hinten hinausging, und machte mich für die Schule fertig, als Joey an meine Tür klopfte. Er hatte am Küchentisch gesessen und gefrühstückt. »Gerade habe ich gesehen, wie Mama und Daddy ins Auto gestiegen und zusammen weggefahren sind«, sagte er. Ich wusste sofort, dass da etwas nicht stimmte, und er musste es wohl auch spüren, aber ich wollte mir nicht anmerken lassen, dass ich Angst hatte. »Okay«, sagte ich. »Geh wieder frühstücken. Ich kümmere mich drum.«

Ich rief zuerst meine Großmutter an, dann das Frauenhaus. Die Frau am Telefon hörte still zu, als ich ihr schilderte, was mein Bruder gesehen hatte. »Vielleicht sind sie ja nur irgendwohin, um zu reden«, sagte sie.

Ich war mit dieser Antwort nicht zufrieden. Ich wusste, im Frauenhaus müssten sie es besser wissen, und diesmal wollte ich, dass jemand richtig auf das reagierte, was ich sagte, und etwas *tat*.

»Nein«, sagte ich. »Meine Mutter würde nie mit ihm ins Auto steigen und irgendwo hinfahren. Nie.«

Nach den Telefonaten brachte ich Joey zur Bushaltestelle und fuhr dann zur Schule. Es ist seltsam, dass ich mich überhaupt nicht an die Stunden erinnern kann, die ich in der Schule verbrachte, bevor ich endlich etwas von meiner Mutter hörte. Ich erinnere mich nur an den Moment am Abend, als ich sie wiedersah. Sie schien müde und bewegte sich langsam, humpelte ein bisschen. Als ich sie umarmte, zuckte sie zusammen.

Ein Detail – von dem wenigen, das sie mir über diesen schlimmen Tag erzählte – hat sich mir für immer eingeprägt: dass es an der Tür unserer Wohnung klopfte, in die er sie gebracht hatte, als er davon ausgehen konnte, dass Joey und ich auf dem Weg zur Schule waren. Sie erklärte ihm, sie müsse aufmachen, weil sie den Instandhaltungsservice gebeten habe, die Spülmaschine zu reparieren. Davor hatte sie ihn hingehalten, um ihr Leben zu verlängern, hatte sich sogar noch etwas Zeit erkauft, indem sie Sex mit ihm hatte, als er ihr die Schuld daran gab, dass er impotent sei. Und dann klopfte es. Unsere Spülmaschine war nicht kaputt, und sie hatte keine Reparatur veranlasst, aber sie wusste, Joel würde damit rechnen, dass der Mann vom Instandhaltungsservice sich selbst einließ, wenn niemand aufmachte. Nein, das Klopfen konnte nur die Polizei sein, und in dem Moment, sagte sie, habe sie gewusst, dass sie gerettet war.

Polizeibehörde DeKalb County

AKTENZEICHEN: 84–037377
AUSSAGENDE PERSON: Gwendolyn Grimmette
WOHNHAFT: 5400 Memorial Dr. Apt. 18D
GESCHL.: W
KÖRPERGR.: 1,72 m
GEW.: 53 kg
ETHNIE: Schw.
Aussage aufgenommen von Erm. H.P. Brown
DATUM: 14.2.84
UHRZEIT: 11:03

*Am 14. Februar 1984, ca. 7:15, verließ ich meine
Wohnung und wollte in meinen Dienstwagen steigen. Joel Grimmette jr., mein Ex-Mann, kam aus
dem Gebüsch bei meinem Wohnhaus und trat in
der Nähe des Wagens auf mich zu. Ich fragte ihn,
was er wolle. Er sagte, reden, und befahl mir, in
den Wagen zu steigen. Ich weigerte mich. Er ver-
passte mir einen Schlag auf den Kopf. Ich schrie.
Er schlug mich wieder und sagte, er habe eine
Pistole (das, was wie eine Pistole in seiner Jacken-
tasche aussah, war auf mich gerichtet), und würde
ich noch einmal schreien, würde er mich erschießen. Ich versuchte, ihn davon abzubringen, indem*

ich sagte, unser Sohn sehe durchs Fenster zu, und
er drehte sich um und winkte ihm. Dann nahm
er die Wagenschlüssel, öffnete die Beifahrertür
und zwang mich, einzusteigen. Inzwischen hatte
ich gesehen, dass er ein Messer hatte. Ich sagte,
er dürfe keinen Dienstwagen fahren, das sei ille-
gal, aber er hörte nicht auf mich. Ich fragte, wo
wir denn hinfahren würden; er sagte, er wolle mit
mir reden und werde mich zur Arbeit fahren. Ich
fragte, wie er hergekommen sei, aber er antwortete
nicht.
  Er fuhr den Memorial Drive entlang. Als wir
uns der Interstate 285 näherten, erklärte ich, es sei
(um mich zur Arbeit zu bringen) schneller, den
Memorial weiter geradeaus zu fahren. Er nahm
die 285 nach Süden bis zum Covington Highway,
fuhr ab, drehte um, um wieder auf die 285 zu kom-
men, und fuhr am Memorial ab. Wir fuhren den
Memorial entlang bis zum Cinema 5. Dort wen-
dete er und fuhr zu meiner Wohnung zurück. Er
sagte, ich solle reingehen, auf der Arbeit anrufen
und sagen, ich käme, aber erst in einer halben
Stunde. Er hörte mit, die Hand an der Telefon-
schnur, um sie herauszuziehen, falls ich irgend-
etwas anderes sagte. Dann befahl er mir, mich
hinzusetzen – ich setzte mich aufs Sofa – und mei-

nen Mantel auszuziehen. Während dieser ganzen Zeit (es war jetzt 7:50, er hatte sichergehen wollen, dass meine Kinder in der Schule waren, bevor wir zurückkamen) sprach er davon, jemandem, der mir nahestand, etwas anzutun: Er nannte meine Tochter (die nicht seine Tochter ist) und meine Mutter. Er sagte, er sei ihr schon länger gefolgt (er hatte vorher schon gesagt, dass er auch mir folge) und könne sie jederzeit erschießen. Er sagte, ich solle ins Schlafzimmer gehen und mich aufs Bett setzen. Ich tat es. Er schlug mir mehrmals mit der Faust auf den Mund, in die Nähe des Auges und auf den Kopf. Ich begann zu schreien. Er schlug mich wieder, in die Nierengegend, und sagte, er würde mir das Rückgrat brechen, wenn ich nicht still wäre.

Ich versuchte, vernünftig mit ihm zu reden, und er sagte immer wieder, mir könne man nicht trauen und er hätte mich töten sollen, bevor ich ihn verlassen hätte etc. etc. Dann fragte er, ob ich wisse, wie ich sterben würde. Ich sagte Nein. Er sagte, es werde ganz friedlich sein, und nahm eine Spritze mit einer klaren Flüssigkeit heraus. Er fragte mich, ob ich wisse, was das sei. Ich sagte Nein. Er fing an, darüber zu reden, dass ich ihm alles genommen hätte und dass er jetzt impotent

sei. Ich nahm das als Stichwort und ging darauf
ein, bedeutete ihm, um Zeit zu gewinnen, dass es
doch gar nicht stimme. Ich sagte, er solle nicht ster-
ben (inzwischen sollte es ein erweiterter Selbst-
mord werden). Er erklärte, er habe einen Schlüssel
zu meiner Wohnung und sei dort gewesen. Er be-
wies es, indem er persönliche Post von mir zitierte,
die er gelesen hatte. Dann zündete er sich eine
Zigarette an, eine dünne. Ich fragte, ob das Gras
sei; er sagte Ja. Ich fragte, wann er angefangen
habe, Gras zu rauchen; er sagte, seit ich weggegan-
gen sei. Er zog eine Art Schnur (aus Stoffresten)
aus der Tasche und versuchte, mir die Hände zu
fesseln. Wir kämpften, er schlug mich, warf mich
vom Bett auf den Boden und trat mich.

An diesem Punkt bekam ich noch mehr Angst.
Weil er zugab, dass der Psychiater gesagt habe, er
solle in der Klinik bleiben. Er sagte sogar, er sei
am letzten Freitag in die Klinik gegangen, damit
er nicht da wäre, um mich »im Auge zu behalten«.
Ich überredete ihn, bevor er sterben würde, noch
Sex zu haben. Er ging darauf ein. Dann erklärte
ich, ich wolle nicht, dass Joey diese Szene vorfinde,
wenn er nach Hause komme, und er solle mich
woanders hinbringen. Er sagte, ich würde nur weg-
laufen, aber keine Sorge, er werde meine Leiche

»beseitigen«. Dann nahm er die Spritze und setzte an, sie mir in den Arm zu stechen. Ich versuchte, ihn davon zu überzeugen, sich Hilfe zu suchen, erklärte ihm immer wieder, ich würde mit ihm kooperieren. Er weigerte sich, sagte, er wolle den »einfachen« Ausweg, morgen werde er tot sein, und vielleicht würden wir uns im Jenseits wieder- treffen. An diesem Punkt klopfte der Polizist an die Tür. Ich erklärte, das sei der Instandhaltungs- service – der sowieso reinkommen werde –, griff mir meinen Bademantel und rannte, während er sagte, ich solle warten, zur Tür und machte auf.

GWENDOLYN GRIMMETTE

Als Joel verurteilt worden war, kehrte die Erleichterung, die ich nach unserer Flucht verspürt hatte, zurück. Diesmal war er nicht mehr in unserer Welt. Es bestand kein Risiko, ihm auf der Straße zu begegnen, es war ausgeschlossen, dass er uns nachstellen konnte.

Zum ersten Mal seit so vielen Jahren, all den Jah- ren ihrer Ehe, entwickelten meine Mutter und ich wie- der ein enges Verhältnis – waren wir uns so nah wie in jenen ersten Monaten in Atlanta, als ich noch ein kleines Kind gewesen war. Deshalb diese Szene, die ich immer wieder vor mir sehe, in der sie tanzt und ich lache und zu dem Song mitklatsche. Es ist Hochsommer 1984, und im Radio kommen Morris Day and the Time mit »The Bird«.

Und endlich ist meine Mutter frei wie ein Vogel, ihre Freude am Fliegen grenzenlos.

12.

OFFENBARUNG

Wenn man mir frühzeitig gesagt hätte, wie viel von meinem Leben ich durch das Vergessen verlieren würde – den größten Teil jener Jahre, in denen meine Mutter noch lebte –, dann hätte ich vielleicht versucht, so viel wie möglich zu bewahren. Die Schriftstellerin in mir sagt heute, ich wäre schonungslos gewesen, hätte Aufzeichnungen gemacht, die eine exakte Darstellung unseres Lebens in den Jahren vor der Tragödie ergäben; etwas, das mir meine Mutter jetzt zurückbringen könnte, kompletter als die Erinnerung mit all ihren gelöschten und bearbeiteten Passagen. Damals hatte ich bereits begonnen, so vieles über Bord zu werfen, in gewisser Weise notgedrungen, ohne zu wissen, dass ich Teile davon verzweifelt wiederhaben wollen würde.

Fünf Jahre nach dem Tod meiner Mutter, als ich vierundzwanzig war, fand ich eine Tonbandkassette mit ihrer Stimme. Inzwischen lösten sich erste Teile dessen, was sie ausgemacht hatte, bereits auf – ihr Geruch, ihr Gang –, und ich empfand es als eine Art Verrat, sie stückchenweise gehen zu lassen. Die Tonbandaufnahme bot mir noch eine Chance, einen Teil von ihr wiedererstehen zu lassen und diesmal zu bewahren – indem ich meine Erinnerung an ihre Stimme bewusst trainierte. Vielleicht konnte ich ja lernen, sie zu imitieren und wie eine Bauchrednerin ihre Worte aus meinem Mund zu projizieren.

Obwohl ich die Kassette im Haus meiner Großmutter fand, ganz hinten in dem alten Musikschrank mit seinen Stapeln von Blues-Achtundsiebzigern und einem Plattenspieler, der längst nicht mehr funktionierte, sagte ich ihr nichts davon. Ich wollte meine Mutter ganz für mich allein, also nahm ich den Kassettenspieler mit ins vordere Schlafzimmer, jenes Zimmer, das ich mit meinen Eltern geteilt hatte, als ich klein war, und in dem ich vor dem Tod meiner Mutter und auch seither jeden Sommer gewohnt hatte, und drückte auf Play.

Ich sah sie vor mir, wie sie im Schein von Sturmlaternen auf dem Schminktisch Lippenstift auftrug, mit dem Rücken zu mir, ihr Gesicht als Spiegelbild. Ich sah die Kamee, die sie trug, wie ein Juwel in ihre Halskuhle geschmiegt, sah das schwarze Samthalsband, das sie hielt, mit dem kleinen Goldkettchen im Nacken, das ihr etwas von einer Puppe gab – einer Puppe, deren Stimme man hören konnte, wenn man an dem Kettchen zog und es wieder losließ.

Ihre Stimme. Nachdem ich auf Play gedrückt hatte, kehrte meine Mutter zu mir zurück – für nicht mal dreißig Sekunden, ehe das Band sich im Gerät verhedderte, ihre Stimme unverständlich wurde und ganz abbrach. Ich nahm die Kassette heraus und spulte das Band behutsam wieder auf, glättete es dabei. Doch sooft ich es abspielen wollte, blieb es hängen, bevor ich sie auch nur ein weiteres Wort sagen hörte. Ich nahm es immer wieder heraus, glättete es, indem ich es zwischen meinen Fingern spannte, bis das abgewetzte Band in meinen Händen riss. Hätte ich mir Zeit gelassen, hätte ich es vielleicht retten können. Das Band mit ihrer Stimme war so fragil wie der Glaube, der Orpheus und Eurydike verband, als er sie aus der Unterwelt hinauszuführen versuchte.

In meiner Ungeduld hatte ich es durchtrennt.

13.

BEWEISMATERIAL
Telefonmitschnitte, 3. und 4. Juni 1985

An den Tagen unmittelbar vor ihrem Tod versuchte meine Mutter, zusammen mit der Staatsanwaltschaft von DeKalb County für den Gerichtsbezirk Stone Mountain Beweismaterial zu sammeln, das einen Richter dazu bringen würde, Haftbefehl gegen Joel zu erlassen. Seit seiner Entlassung aus dem Gefängnis hatte er sie wiederholt angerufen und, wie es in den Unterlagen heißt, »terroristische Drohungen ausgesprochen«. Was die Staatsanwaltschaft brauchte, waren Beweise für die Drohungen – nicht nur ihr Wort –, daher installierten sie in ihrer Wohnung ein Aufnahmegerät, das mit ihrem Telefon verbunden war. Sie musste es bei jedem Anruf von Joel manuell bedienen, es ausschalten, wenn sie andere persönliche Anrufe annahm.

Im folgenden gekürzten Transkript gibt es während eines ihrer Gespräche mit Joel eine Unterbrechung: meinen Anruf vom College, um ihr zu sagen, wann die Semesterabschlussklausuren vorbei wären und sie mich für die Sommerferien abholen könne. Es war am 4. Juni 1985, das letzte Mal, dass ich mit ihr sprach.

Bundesstaat Georgia gegen Joel T. Grimmette
Telefonmitschnitt vom 3. Juni 1985

GWEN: Hallo.
JOEL: Hi.
G: Hi.
J: Ich fühle mich heute richtig gut, ich habe das Gefühl, mein Leben hat einen neuen Sinn, ein neues Ziel.
G: Warum?
J: Wohl wegen dem, was du mir heute Morgen gesagt hast.
G: Was genau hast du denn woraus herausgehört?
J: Na ja, du hast doch gesagt, du gibst mir noch eine Chance.
G: Nein, habe ich nicht.
J: Ich dachte ...
G: Du hast mich zuletzt gefragt, das Letzte, was du ...
J: Ich weiß, ich habe gesagt, wir ... »Würdest du eins

für mich tun, würdest du noch mal drüber nachdenken?« Du hast gesagt, »Das habe ich schon«.

G: Und ich habe gesagt, ich würde weiter nachdenken, genau das habe ich gesagt, Joel.

J: Ich dachte, also, ich meine, du hast gesagt, »Das habe ich schon«, und, also, »Ja, ich will«.

G: Joel, ich glaube, du hörst, was du hören willst.

J: Mm-mmm.

G: Joel, ich habe immer wieder versucht, dir zu erklären, dass die Probleme, die immer da waren, für mich weiter da sind, okay? Ich habe grundsätzlich immer noch Angst vor dir.

J: Ich, ich, ich kann nichts dagegen machen [*unverständlich*], weil ich weiß, dass es in letzter Zeit so war, aber ich habe, ich, ich kann nicht [*unverständlich*], aber ich habe die gleiche Angst.

G: Die gleiche Angst wovor?

J: Vor dir.

G: Das verstehe ich nicht ganz. Ich habe doch nie versucht, dir etwas anzutun. Ich habe dich nie bedroht.

J: Doch, du hast mir was angetan – psychisch, nicht physisch, aber psychisch.

G: Du meinst, als ich weggegangen bin?

J: Genau.

G: Joel, was blieb mir denn anderes übrig?

J: Gwen, es wurde doch gerade besser.

G: Nein, nein, nein, es wurde *nicht* besser, vergessen? Deine Drohungen haben sich noch gesteigert, das weißt du doch wohl noch.

J: Nein, ich habe mir ein Bein ausgerissen, um unsere Probleme zu regeln.

G: Weißt du nicht mehr, was in der letzten Woche, die ich da war, mit als Letztes passiert ist? Das war, dass du zu mir gesagt hast, wenn ich je noch mal was tun würde, was dich ärgert, dann würdest du gar nichts sagen, du würdest einfach nur warten, bis ich im Bett bin, und dem ein Ende machen. Das war in dieser letzten Woche.

J: Das war, weil du gesagt hast, du warst bei dieser Frau, und hast gesagt, du willst die Scheidung, und, und ich hatte mir echt Mühe gegeben, ich hatte alles getan, was du von mir verlangt hattest. Ich habe alles getan, was du von mir verlangt hast, und du, du hast mich einfach abserviert.

G: Joel, du, du hast doch gesehen, was körperlich mit mir passiert war, wie stark ich abgenommen hatte – du wusstest, dass ich chronischen Durchfall hatte und Appetitverlust. Ich konnte nicht in so einer Situation bleiben. Ich musste weg. Ich hatte dich damals einfach nur um, ähm, eine Trennung gebeten, und du wolltest es einfach nicht. Du hast gesagt, lieber willst du mich tot sehen.

J: Ist dir klar, was mit mir passiert ist?

G: Was meinst du?

J: Ich bin nur noch eine leere Hülle, in mir ist nichts mehr.

G: Ich bin, also, weißt du, nach allem, was war, hasse ich dich immer noch nicht. Du weißt ja, das habe ich dir gestern Abend erklärt. Ich glaube, es liegt einfach nicht in meiner Natur, und ich, ich, es freut mich nicht, dass es dir schlecht geht. Aber ich … Und das klingt jetzt vielleicht egoistisch … Ich muss mich auch um mich selbst kümmern, auf mich aufpassen. Ich … Verstehst du das nicht?

J: Ich passe auch auf dich auf.

G: Wie meinst du das?

J: Ich habe dir ja heute Morgen gesagt, ich bin inzwischen verzweifelt, ich bin an dem Punkt, wo ich Angst habe, um mich, um alle in [*unverständlich*]. Ich habe dich heute Morgen missverstanden, aber ich dachte, du hättest gesagt, du gibst mir noch eine Chance. Mein ganzes Leben würde sich dadurch aufhellen.

G: Ich habe wirklich versucht, so kooperativ wie möglich zu sein, weißt du, und, und mit dir zu reden und dich und Joey so viel Zeit wie möglich miteinander verbringen zu lassen …

J: Und ich bin dir dankbar, und, und das war wirklich gut für mich, aber es war nicht genug. Ich fühle mich immer noch von meiner Familie getrennt. Ich weiß, du betrachtest dich nicht als Teil meiner Familie, aber ich habe dich immer als Teil meiner Familie betrachtet.

G: Warum?

J: Weil ich mir von Anfang an gesagt habe, wenn nicht du, dann wird da niemand sein. Und ich brauchte das, ich brauchte dich. Ich brauche dich immer noch.

G: Meinst du nicht, dass diese Obsession irgendwie nicht ganz gesund ist?

J: Kann sein, aber ich kann nichts dagegen machen, ich muss dich unbedingt sehen. Ich sterbe ohne dich, sterbe jeden Tag ein bisschen mehr … Ich meine … Manchmal liege ich hier in meinem Bett und denke, ich, also, ich kann's nicht mehr ertragen. Ich werde einfach hingehen und uns ein Ende machen; ich werde nicht mal versuchen, mit ihr zu reden, weil sie sowieso nur versuchen wird, Zeit zu schinden, und verdammt, ich werde nur wieder daliegen und denken, dass alles okay ist [*unverständlich*]. Und dann änderst du deine Meinung, und wenn ich am Telefon mit dir reden will, sagst du: »Aber ich nicht, ich habe dir nichts zu sagen, bevor du dir nicht Hilfe gesucht hast.« Damals schon habe ich gedacht: »Vielleicht glaubt sie ja wirklich, dass ich Hilfe brauche.«

G: Willst du sagen, du glaubst es nicht, Joel? Wut und Gewalt und Drohungen sind keine normale Art zu leben. Du bist nicht in Vietnam.

J: Nein, bin ich nicht.

G: Und was mir Angst macht, ist, dass, dass, weil ich weiß, diese Wut ist da unter der Oberfläche und kann jederzeit aus jedem beliebigen Anlass hervorbrechen. Nimm nur, nimm nur mal gestern und Samstag und all die Sachen, die du da gesagt hast, und du verstehst es nicht?

J: Doch, doch, ich versteh's. Getan habe ich nichts … Und aus meiner Sicht, so wie ich mich gefühlt habe, hatte ich reichlich Gelegenheit, dir was zu tun. Und ich habe mir immer wieder gesagt: »Ich muss, ich muss es ihr klarmachen. Ich muss das haben, ich muss die Chance haben, es ihr zu zeigen.« Ich fühle mich wie so ein Junge, der sein Leben lang mit dem Ball trainiert hat, und der Coach setzt ihn auf die Bank. Und du weißt, du kannst da rausgehen, du kannst es, aber du kriegst einfach keine Gelegenheit, weil du es einmal verbockt hast. Und ich finde das einfach nicht fair.

G: Joel, es war nicht nur einmal, es waren zehn Jahre. Echt jetzt …

J: Ja, aber was dir nicht klar ist, ist, dass von diesen zehn Jahren, ja, okay, vielleicht habe ich eine Menge Fehler gemacht, aber was ich jetzt sagen will, ist, ich werde das nicht mehr tun; die Kommunikation wird besser laufen. Ich meine, wir werden reden können, diskutieren über Sachen, alles, verstehst du? Du ... Ich will nichts auf dich schieben, aber du hast auch nicht mit mir kommuniziert, und ja, mir sind heute die Pferde durchgegangen, aber das wird jetzt anders, weil wir zusammen dran arbeiten werden.

G: Okay, ich erkläre dir jetzt was. Um zusammen an etwas zu arbeiten, braucht es eine Grundlage. Zu-allererst müssen beide Beteiligten beschließen, dass sie zusammen eine solche Beziehung aufbauen wollen. Du hast das beschlossen, und nach dem, was du sagst oder was du gestern gesagt hast, muss ich es auch beschließen, weil mir gar keine andere Möglichkeit bleibt.

J: Ach, was du nicht sagst, du hast es doch mit mir genauso gemacht, du hast gesagt, wenn wir in eine Paartherapie gehen, dann wird alles besser. Ich hab's gemacht, ich habe mit dir dran gearbeitet. Und du, du hast mich im Stich gelassen. Du ...

G: Was mir die Paartherapie gebracht hat, war die Erkenntnis, dass ich nicht mehr so weitermachen

wollte. Ich wusste das nicht, als ich in die Paartherapie gegangen bin, aber es …

J: Du hattest das schon beschlossen, bevor wir überhaupt hingegangen sind.

G: Nein, hatte ich nicht.

J: Das war deine Art, drauf zu hoffen, dass sie mich
überzeugen könnten.

G: Das hast du immer gesagt, und ich vermute, du hast
es auch immer geglaubt.

J: Ich habe mich ausgetrickst gefühlt.

G: Ja, ich erinnere mich, dass du das gesagt hast.

J: Es war das Schmerzhafteste in meinem Leben,
als du das gesagt hast, und ich, ich, ich konnte …
konnte es einfach nicht ertragen.

G: Joel, du hast mich in eine totale Zwangslage gebracht.

J: Es mag sich ja falsch oder schlecht für dich ange-
fühlt haben, aber jetzt, was ich … Ich werd's wiedergutmachen.

G: Wie willst du es wiedergutmachen, Joel? Du lässt
mir gar keine Wahl. So kann man nicht in eine
Beziehung gehen.

J: Ich habe ja achtzehn Monate gewartet, und du sagst,
ich bin ungeduldig.

G: Achtzehn Monate, in denen es nichts zu warten gab.
Ich habe ja nicht zu dir gesagt, »Ach, komm nur erst

aus dem Gefängnis, Joel, dann fangen wir noch mal neu an«. Diese Fantasie hast du ganz allein entwickelt.

J: Es wird klappen. Ich weiß, dass es klappt. Es kann nur klappen.

G: Warum?

J: Weil ich mir den Arsch aufreißen werde, um dafür zu sorgen, dass es klappt.

G: Joel, ich lasse mich darauf nicht ein. Ich kann mich darauf nicht einlassen, Joel.

J: Gwen, [*unverständlich*], hör auf, an dich zu denken.

G: An wen zu denken?

J: An dich, das ist doch alles, woran du gerade denkst. Du hast mir doch gesagt, also, ich habe dich *gebeten*, mich nicht zu verlassen, und du hast drüber nachgedacht. Du hast gesagt: »Okay, ich habe drüber nachgedacht und beschlossen, dass wir versuchen, es auf die Reihe zu kriegen.« Und du hast es nicht getan. Zugegeben, ich habe eine Menge Sachen gemacht, für die ich mich schäme, die meine Schuld waren, aber wenn man schwach und verzweifelt ist, ist man nicht *rational*. Und ich weiß, es ist nicht richtig, dich zwingen zu wollen, es auf die Reihe zu kriegen, aber jetzt, an diesem Punkt, wo du von selbst nicht sehen willst, dass es klappen wird, bleibt mir nichts anderes übrig, als zu versuchen, dich dazu

zu zwingen, und ich bin sicher, schon bald wirst
du sagen, »Jetzt seh ich's, und ich bin froh, dass du
[*unverständlich*]«.

G: Joel, du lebst in einer Fantasie.

J: Vielleicht, aber es ist die einzige Welt, die ich momentan habe.

G: Warum willst du nicht versuchen, da rauszukommen?

J: Der einzige Weg, da rauszukommen, ist für mich,
mir das Leben zu nehmen, und ich werde nicht aus
dieser Welt gehen und dich zurücklassen. Ich will,
ich meine, wir müssen gemeinsam gehen. Ich will
nicht, dass du leidest, so wie ich früher gedacht
habe. Ich will dich mitnehmen, wenn ich gehen
muss. Und in der nächsten Welt sind wir vielleicht
immer noch zusammen.

G: Eins habe ich an dir nie verstanden: wie du Leuten
etwas antun kannst, die du angeblich liebst.

J: Ich werde dir nichts antun, ich werde dich einfach
nur mitnehmen – damit *tu* ich dir nichts an.

G: Joel, was heißt, damit tust du mir nichts an? Wenn
du mich erschießt oder erstichst oder was, *tust* du
mir doch was an.

J: Gwen, wir haben uns gelobt, »bis dass der Tod uns
scheidet«. Als wir dieses Gelübde getan haben, habe
ich es von ganzem Herzen getan, und ich glaube, du

auch. Es ist doch nichts falsch dran, den Rest seines Lebens mit einem bestimmten Menschen verbringen zu wollen ... Gib mir die Chance für einen Neuanfang.

G: Aber, Joel, was du jetzt sagst, ist doch, wenn ich dir nicht die Chance für einen Neuanfang gebe, bringst du mich um, das sagst du doch.

J: Ich, ich, also ... Die Wahrscheinlichkeit, dass ich total die Kontrolle verliere, ist jetzt größer, als sie damals im Februar war. Klar, ich kann mich wahrscheinlich kontrollieren, aber jetzt, an diesem Punkt, *will* ich es nicht, weil ich nicht ohne dich leben will.

G: Warum glaubst du, dass sie jetzt größer ist als im Februar? Ich dachte, du hättest dich jetzt besser unter Kontrolle?

J: Weil ich mir dreizehn Monate lang jeden Tag beim Aufwachen gesagt habe, ich würde dich töten, habe ich mir gesagt, wenn ich nach Hause käme. Und ich habe mich gefragt, warum, und ich habe mir gesagt, weil, wenn ich sie nicht haben kann, niemand sie haben wird. Wenn ich sterbe, werde ich sie mitnehmen. Und das habe ich mir dreizehn Monate lang gesagt, jeden Tag, nicht nur einmal am Tag, sondern es war immer in meinem Kopf. Eingesperrt in dieser kleinen Zelle, hatte ich ja nichts anderes zu tun, als zu denken. Ich habe diese Dinge in meinem Kopf eingelagert, und nur du kannst sie da rauskriegen.

G: Und …

J: Klar, im ersten Moment wird es schwer für dich sein, aber es wird besser werden, und irgendwann wird es weggehen.

G: Spielt es für dich keine Rolle, dass da keine Liebe ist?

J: Die Liebe wird kommen. Deine Art Liebe, die wird kommen. Da war doch zehn Jahre lang keine Liebe. [*Seufzen*]

G: Du lässt mir wirklich keine Wahl.

J: Ich lasse dir die Entscheidung zwischen zwei Wegen. Du bist jetzt an der Weggabelung. Mach nicht den gleichen Fehler, den ich zehn Jahre lang gemacht habe.

G: Ich verstehe das mit der Weggabelung nicht ganz. Der Fehler, den du gemacht hast, war was? Dass du die falsche Abzweigung genommen hast?

J: Ja, und ich habe teuer dafür bezahlt.

G: Und?

J: Und jetzt, verstehst du, biete ich dir mehr an als, dir ist einfach nicht klar, was ich dir anbiete.

G: Du sprichst vom Leben?

J: Es wäre besser für Joey, für dich, für mich, ich werde motiviert sein, ich werde einfach wissen, ich werde mir all dessen bewusst sein, was vor sich geht. Ich will, dass du über die schlimme Seite nachdenkst, wie das immer da sein wird.

G: Das siehst du auf der einen Abzweigung?

J: Auf der anderen Abzweigung alles traurig für alle.

G: Hast du mal dran gedacht, wie es für die Kinder wäre, wenn du mir etwas antun würdest?

J: Ja, habe ich.

G: Und das ist dir egal?

J: Nein, es ist mir nicht egal. Es ist mir sehr wichtig, wie, aber, aber sie, sie werden es einfach akzeptieren müssen, so wie wenn deine Mutter stirbt: Du wirst es auch nicht akzeptieren wollen, aber du wirst es akzeptieren müssen, weil du weißt, dass wir nicht hier auf der Erde sind, um ewig zu leben.

G: Joel, das kannst du doch nicht vergleichen. Natürlicher Tod ist eine Sache. Davon sprichst du doch nicht.

J: Aber ich bin schon einmal wegen dir gestorben.

G: Ich bin nicht sicher, dass ich verstehe, was das heißen soll.

J: Als du dich von mir hast scheiden lassen, bin ich innerlich gestorben.

G: Ach, Joel, jetzt mach aber einen Punkt. Wir sprechen hier doch davon, diese Erde zu verlassen. Hör jetzt auf, so, so wie auch immer zu sein. Der Punkt ist doch, ob die Mutter der Kinder eines natürlichen Todes stirbt oder ob du mich umbringst. Wie kannst du das beides vergleichen?

J: Was ich sagen will, ist, dass sie irgendwann drüber wegkommen werden. Es wird ihnen wahrscheinlich ihr Leben lang nachgehen, aber ich glaube, sie werden sich dran gewöhnen. Und wenn nicht, wäre es genauso deine Schuld wie meine.

G: Warum?

J: Weil es nicht so hätte sein müssen.

G: Und du glaubst wirklich, zwei Menschen, zwei rationale Erwachsene, könnten auf dieser Basis eine Beziehung eingehen oder einzugehen versuchen?

J: Na ja, an diesem Punkt haben wir keine andere Möglichkeit.

G: »Wir«?

J: Wir haben keine andere Möglichkeit.

G: Warum?

J: Manchmal muss man Leute dazu zwingen, einzusehen, dass sie einen Fehler machen. Manchmal sind sie so drauf gepolt, was Bestimmtes zu glauben, manchmal, und, und, und man muss sie nicht, nicht überzeugen, sondern sie in die Situation bringen, dass ihnen keine andere Wahl bleibt.

G: Joel, bitte zwing mich nicht dazu.

J: Wozu?

G: Dazu, eine Entscheidung aus irgendeinem anderen Grund zu treffen als darum, weil ich es will.

J: Hör zu, ich habe gewartet und gewartet, und wir treten nur auf der Stelle. Immer noch. Weißt du, ich bin an dem Punkt, also, wo ich sage, entscheide dich jetzt endlich, es reicht. Ich ertrag's nämlich nicht mehr. Ich habe dir ja gesagt, wie toll ich mich gefühlt habe, als ich dich missverstanden hatte. Verdammt, wenn du nur gefühlt hättest, was ich gefühlt habe. Dann würdest du's verstehen. Ich konnte nicht verstehen, warum diese Zurückweisung … das Nein. Wo dir doch klar war, was es bedeutet. Ein ganz neues Leben, eine ganz neue Art zu leben. Die Chance, eine Familie zu sein, mit den Menschen, die du liebst.

G: Joel, du lebst in einem Märchen.

J: Mag sein, aber es ist mein Märchen. Und Märchen werden wahr, wenn man hart genug dran arbeitet. Ich glaube, dass alles, wovon man will, dass es passiert, auch passiert, solange man nur an sich glaubt und den Willen dazu hat. Und deshalb könnte ich dich leicht glücklich machen.

G: Und ebenso leicht töten.

J: Ich bin zu der Überzeugung gekommen, dass es entweder so oder so sein muss, es gibt keine andere Möglichkeit. Ich will nicht sterben, aber ich will auch nicht so weitermachen wie jetzt.

G: Joel, ich will auch nicht sterben, aber ich will nicht, dass du mich zu dieser Entscheidung zwingst.

J: Ich, ich kann nicht anders. Von selbst triffst du sie ja nicht. Du, du, du tust es nicht … Du *willst* es nicht … Also muss ich dich zwingen, damit [*unverständlich*]. Wie kommst du morgen zur Arbeit?

G: Ich weiß noch nicht, ich muss wohl eine Mitfahrgelegenheit auftun.

J: Soll ich dich abholen?

G: Nein.

J: Warum?

G: Joel, ich hab's dir doch gesagt, ich habe Angst, in deiner Nähe zu sein.

J: Ich weiß, aber diese Angst kannst du nur überwinden, indem du in meiner Nähe bist. Dich so einzukasteln, ist doch keine Lösung. Okay, es ist vielleicht für eine Weile beruhigend für dich. Aber du musst da raus, du brauchst Kontakt. Gwen? Gwen?

G: Was?

J: Ich habe gesagt: »Okay?«

G: Joel, ich, ich lege jetzt einfach auf.

J: Tu's lieber nicht.

G: Ich lege jetzt einfach auf.

J: Tu's bitte nicht. Gwen, uns läuft die Zeit davon. Du hast es lange genug aufgeschoben. Du hältst mich nur hin.

G: Joel, du …

J: Ich kenne dich. Ich kann in dir lesen wie in einem Buch. Und du brauchst weiter nichts zu tun, als zu sagen: »Okay, wir versuchen es.«

G: Joel, und wenn ich dann sage, ich habe es nur getan, weil ich Angst hatte, dann wirst du wütend, und wir sind wieder zurück auf Los.

J: Nein, nein. Nein.

G: Wenn ich es jetzt, an diesem Punkt, sagen würde, Joel, dann nur aus diesem Grund.

J: Okay, an diesem Punkt nehme ich es, egal wie.

G: Joel, du kannst Leute nicht zwingen, zu tun, was du willst.

J: Hör auf, Zeit zu schinden, Gwen, gib mir einfach eine Antwort.

G: Das ist meine Antwort.

J: Dann willst du also nicht leben.

G: Joel, natürlich will ich leben.

J: Du wirst also nicht tun, was ich will?

G: Ich werde jetzt auflegen und etwas für meinen Magen nehmen, okay?

J: Okay, und was ist jetzt mit morgen? Willst du, dass ich, kann ich kommen, um dich zur Arbeit zu bringen?

G: Nein, Joel, ich, ich komme schon zur Arbeit. Bitte komm nicht her.

J: Yeah, aber ich muss, ich habe dich zwei Wochen nicht gesehen. Wann kriege ich eine Chance, dich zu sehen, mich mit dir hinzusetzen und zu reden?

G: Wenn's nach mir geht, im Beisein einer dritten Person, weil ich, ich immer noch Angst habe.

J: Nein, das geht nicht.

G: Warum nicht?

J: Der Dritte kann ja Joey sein. Und die ersten paar Mal wirst du Angst haben, wirst nervös sein. Ich werde nervös sein. Aber es wird auch aufregend sein.

G: Es wird nicht aufregend sein, es wird beängstigend sein. Und du, du solltest das begreifen.

J: Es wird toll. Und, und mit der Zeit wirst du lernen, mich zu mögen, und dann wirst du lernen, mich zu lieben.

G: Das ist ein Märchen.

J: Es ist meins.

G: Du kannst Joey anrufen, morgen nach der Schule, und ihm sagen, was die Besuchsvereinbarungen sind, okay?

J: Okay, ich liebe dich, Gwen. Hallo?

G: Oh, Tschüs.

J: Ich liebe dich.

G: Nein, tust du nicht.

J: Doch.

G: Du könntest nicht sagen, du bringst mich um, wenn du mich lieben würdest, Joel.

J: Ich, ich, ich kenne, also nicht persönlich, einen Haufen Leute, die sich wegen der Person, die sie liebten, das Leben genommen haben, weil sie nicht ohne die Person leben konnten. Das passiert jeden Tag irgendwo. Aber wir haben Glück, wir werden unsere Probleme klären können, du wirst sehen. Ich liebe dich.

G: Tschüs.

J: Bye-bye.

[*Nach Beendigung des Gesprächs hält meine Mutter Uhrzeit und Datum fest.*]

G: Hier spricht Gwen Grimmette, es ist 20:26 am 3. Juni 1985. Ich habe eben das Gespräch mit … [*bricht ab*]

Bundesstaat Georgia gegen Joel T. Grimmette
Telefonmitschnitt vom 4. Juni 1985

[Meine Mutter muss Probleme gehabt haben, das Gerät dazuzuschalten, daher ist das Gespräch bereits im Gange, als die Aufnahme beginnt.]

JOEL: Aber, also, ich meine ... Was ist passiert?

GWEN: Joel, nichts ist passiert. Du weißt doch, du weißt, dass ich dir schon vor Jahren gesagt habe, du bringst mich dazu, Sachen aus Angst zu machen, und dass das einfach nicht richtig ist, Joel. Ich muss Joey reinlassen, warte mal kurz.

J: Das stimmt doch nicht.

G: Es ist immer dasselbe. Du hast mir nie eine Entscheidungsmöglichkeit gelassen, du hast immer ...

J: Verdammt, ich habe dir Entscheidungsmöglichkeiten gelassen, jede Menge Entscheidungsmöglichkeiten. Du hast dich dafür entschieden, mir wehzutun, Gwen. Ich hatte keine, ich hatte keine andere Wahl als so. Du, du lässt mich wieder hängen. Gestern Abend hast du gesagt, du kommst mit [essen], und jetzt lässt du mich wieder hängen.

G: Und ich habe dir gestern Abend gesagt, Joel, dass das nur war, weil ich mich von dir in eine totale Zwangslage gebracht gefühlt habe, und ...

J: Und jetzt fühlst du dich nicht mehr in dieser Zwangslage?

G: Doch, klar, aber ich …

J: Dir macht's nichts aus, zu sterben, oder? Weißt du,
Joey hat mich gefragt. Er hat gesagt, »Lass sie doch,
lass sie in Ruhe. Bist du wütend?«. Ich habe gesagt,
»Ja, ich bin wütend. Ich bin sauer, weil, du …« Also
lass uns nicht so enden.

G: Bleibst du mal kurz dran? Ich war gerade auf der
anderen Leitung.

J:. Mit wem, der Polizei?

G: Nein, warte mal kurz … *Hallo? Hallo? [Kurze
Pause]*

J: Du hast deine letzte Chance gehabt. Mir egal, was
jetzt passiert. Ich habe mein Bestes getan. Alles,
was ich wollte, war, dich zum Essen auszuführen,
dir einen schönen Abend zu machen und dich
heimzubringen und fertig, und das war's, und dich
vielleicht ein andermal wieder auszuführen. Und
irgendwann, nach und nach, wenn du merkst, dass
ich dir nichts tue, dann wird es anders.

G: Aber es ist *nicht* anders, Joel, oder?

J: Es *ist* anders. Ich sorge dafür, dass es anders ist. Du
musst verstehen, Gwen, ich habe keine Wahl.

G: Was meinst du mit »du hast keine Wahl«?

J: Du willst, dass ich einfach weitermache und dich

vergesse, und ich kann das nicht. Und ich werde es nicht tun. Ich habe dir gestern Abend gesagt, was mein Versprechen mir und dir gegenüber ist. Und ich habe vor, es einzulösen, so oder so.

G: Joel, das meinst du doch nicht wirklich.

J: Du hast mein Leben ruiniert.

G: Ich verstehe dich nicht.

J: Du hast mein Leben ruiniert. Du bist es mir schuldig, dein Leben mit mir zu verbringen.

G: Inwiefern bin ich dir das schuldig, Joel?

J: Weil du meins ruiniert hast.

G: Ich habe dein Leben nicht ruiniert, ich habe dir die besten zehn Jahre von meinem gegeben.

J: Und du hast mir einen Teil von mir genommen, den man nicht ersetzen kann.

G: Und das ist welcher?

J: Mein Herz.

G: [Seufzt] Ich, ich weiß nicht, wie ich darauf reagieren soll. Ich meine, Leute heiraten, und dann, an einem anderen Punkt, gehen sie getrennte Wege, das ist nicht außergewöhnlich.

J: Aber mit uns war es anders. Unsere, unsere … Ich habe mich scheiden lassen, um dich zu heiraten: Ich habe einen Sohn verlassen, um dich zu heiraten. Ich habe für dich einen guten Job aufgegeben. Wenn ich heute bin, was ich bin, dann wegen dir. Du bist der

Grund dafür, und du bist in meiner Schuld. Du hast dich selbst verpflichtet.

G: Joel, Menschen sind kein Besitz.

J: »Menschen« haben mit dieser speziellen Situation nichts zu tun. Hier geht es um mich. Was mir gehört, wird immer mir gehören. Außer, diejenigen sind tot. Und mit mir ist es genauso. Ich gehöre dir, bis ich tot bin. Es mag dir nicht gefallen, was du siehst oder was ich bin, aber es ist das, was du geschaffen hast. Du hast dieses Monster in mir geschaffen. Es ist dein Baby, es ist deins.

G: Ich glaube nicht, dass Monster, die einmal geschaffen wurden, nicht ...

J: Was?

G: Ich glaube nicht, dass Monster, die einmal geschaffen wurden, nicht verändert werden können.

J: Ich habe nur eine Möglichkeit, es zu verändern, und ich habe versucht, dich dazu zu bringen, dass du's so siehst. Du, du hast keine Wahl; das hier bist du, ist deins, du hast es geschaffen. Du kannst ihm nicht einfach den Rücken kehren und gehen. Du musst dich drauf einstellen und damit umgehen. Und wenn meine Mama es mit meinem Dad aushalten kann, kannst du's auch mit mir aushalten.

G: Deine Mutter hat mir gesagt, sie hatte keine Alternative.

J: Du hast gar keine Alternative außer dem Tod. Und du schreist die ganze Zeit rum, dass du das nicht willst …

G: Ich weiß nicht, was ich sonst sagen soll.

J: Es gibt nichts mehr zu sagen. Du, du hast alles gesagt. Du hast gesagt, du willst lieber sterben, als zu mir zurückzukommen. Was gibt's da noch zu sagen?

G: Ich habe nie gesagt, ich will lieber sterben, Joel. Ich habe nie gesagt, ich will lieber sterben.

J: Du willst lieber den Tod als mich.

G: Joel, du hast mir keine andere Wahl gelassen.

J: Du hattest eine andere Wahl. Mann, ich habe dich ja nicht gebeten, mich morgen zu heiraten, ich habe dich nur gebeten, mir wieder nahezukommen. Ich habe dich nur gebeten, mit mir essen zu gehen. Aber du führst dich auf, als hätte ich dich gebeten, das ganze Wochenende mit mir zu verbringen.

G: Du musst verstehen, dass das für mich nicht so leicht ist.

J: Hä?

G: Nicht so leicht.

J: Ach. Essen gehen ist um Klassen leichter, als dich die ganze Zeit zu fragen, wann jemand auf dich zutritt und dir das verdammte Hirn aus dem Schädel pustet. Als zu wissen, dass dieser Irre demnächst durchdreht und kommt und das Haus anzündet, während du drin in der Falle sitzt, oder was mit deinem Wagen macht, damit, wenn du den Zündschlüssel drehst, der verdammte Tank explodiert. Gwen, du vergisst, dass ich zwei Jahre in Vietnam war. Ich kann alles hochgehen lassen. Du vergisst, dass ich da reinkommen könnte und deine Klimaanlage so herrichten, dass sie dir heute Nacht um die Ohren fliegt. Nicht so, dass es dich umbringt, grade genug, um dir höllische Angst zu machen. Willst du damit leben?

G: Joel, dein Sohn ist auch hier in der Wohnung.

J: Yeah, manchmal muss man Opfer bringen. Liebst du deinen Sohn?

G: Ja.

J: Und du bist bereit, zu riskieren, dass ich ihm was antue?

G: Joey? Du würdest Joey nichts antun.

J: Nicht meine Absicht, ich habe nicht die Absicht, aber um an dich heranzukommen, könnte ich vergessen, dass er im Haus ist, und irgendwas machen. Gwen, ich könnte diese Wohnung zerstören, das ganze Haus. Du, du kapierst nicht, dass ich Monteur bin und mit Stromkabeln arbeite und Gastanks und, und, und mit Hochdruckventilen. Direkt in deinem Wohnhaus ist ein Heißwasserboiler. Ich brauche nur bestimmte Sachen zu machen, und das ganze

Gebäude fliegt in die Luft. Du erinnerst dich doch an die Explosion von Bowen Homes? Oder?

G: Ja.

J: Willst du, dass das passiert?

G: Nein.

J: Und sie können es nicht mal zu mir zurückverfolgen.

G: Du warst das in Bowen Homes?

J: Oh, ich doch nicht. Ich meine, nachdem ich das mit deiner Wohnung gemacht habe. Ich, ich, ich meine, dass sie das nicht zu mir zurückverfolgen könnten, das mit deiner Wohnung. Sie würden mich natürlich verdächtigen, aber man braucht Beweise. Man braucht Fakten. Das hast du doch gesehen, als wir vor Gericht waren.

G: Ja, allerdings, da war's nur mein Wort gegen deins.

J: Yeah, aber diesmal wär's niemandes Wort gegen niemandes. Einfach nur ein blöder Unfall. Und es ist reiner Zufall, dass es die Wohnung ist, in der meine Ex-Frau ist. Und ich hab's ja schon schriftlich, dass du eine Irre bist. Ich meine, du würdest lügen und alles tun, um mich hinter Gitter zu bringen.

G: Was heißt, du hast schriftlich, dass ich eine Irre bin?

J: Dass du lügst.

[Hier kommt ein Anruf dazwischen.]

G: Warte mal, bleib dran.

[Daraufhin führt Gwen Grimmette ein persönliches Tele-
fongespräch (mit mir: die letzten Worte zwischen uns
dauern nicht mal eine Minute).]

G: *[Jetzt wieder in der Leitung zu Joel]* Ich habe nicht
gelogen.

J: Du hast einen verdammten Kerl dazu gebracht, zu
sagen, ich hätte dir die Nadel zwei, drei Mal in den
Arm gestochen.

G: Aber das *hast* du getan.

J: Habe ich nicht. Ich habe die Haut nicht verletzt.

G: Wie kommst du drauf, dass die Haut an meinem
Arm nicht verletzt war?

J: Ich weiß doch, was ich mit der Nadel gemacht habe.

G: Und woher, glaubst du, hatte ich dann die Narbe?

J: Die hast du dir wahrscheinlich selbst beigebracht.

G: Ich bin keine Masochistin, ich würde mich nicht
selbst verletzen.

J: Wie bitte?

G: Ich bin keine Masochistin, ich würde mich nicht
selbst verletzen.

J: Du würdest alles tun, um diese Leute zu überzeugen.

G: Nein, würde ich nicht. Ich habe ihnen nur erzählt,
was passiert ist.

J: Und … Und weißt du was?

G: Was?

J: Ich glaube, ich, ich, du kannst Joey fragen. Ich kann dorthin kommen und einen Nachschlüssel für die Wohnung machen und heute Nacht hinkommen. Ich habe Bolzenschneider, die diese mickrige Sicherungskette locker durchschneiden. Und ich kann da reingehen, kann das Telefon lahmlegen, kann eine Menge Sachen machen, Gwen. Das weißt du, oder?

G: Ja.

J: Und jetzt gerade weißt du nicht, wo ich bin oder wie weit ich von deinem Haus weg bin.

G: Stimmt.

J: Und wenn ich Polizei da reingehen sehe, weiß ich, dass du sie gerufen hast, und dann weiß ich, ich muss schnell handeln.

G: Das hier ist ein Apartmentkomplex, und hier ist dauernd Polizei.

J: Dann kannst du nur hoffen, dass sie heute Nacht nicht kommen. Weil ich dir sonst nämlich die Schuld gebe.

G: Ich bin doch nicht für all die Leute verantwortlich, die hier wohnen, Joel.

J: Was soll das heißen?

G: Ich, ich, ich bin doch nicht verantwortlich. Du kannst doch nicht mir die Schuld geben, nur weil ein Polizeiwagen hier reinfährt. Hier *wohnen* Polizisten.

J: Pech. Nur um dir zu zeigen, dass ich keinen Scheiß erzähle, werde ich dort hinkommen und eine Kugel durchs Fenster jagen, okay. Okay?

G: Ich werde doch zu so was nicht Okay sagen.

J: Du glaubst wohl nicht, dass ich eine Pistole habe.

G: Warum sollte ich nicht glauben, dass du eine Pistole hast?

J: Du glaubst nicht, dass ich dazu fähig bin.

G: Ähm, also, *das* glaube ich sofort.

J: Gwen, ich, ich, ich will dich nur glücklich machen.

G: Verstehe, Joel.

J: Wer gibt dir jetzt den Mut?

G: Niemand Spezielles. Ich bin nur zu dem Schluss gekommen, dass es, dass es Situationen im Leben gibt, wo man für sich selbst einstehen muss.

J: Okay, dann gibt's wohl nichts mehr zu reden.

G: Nein, gibt's wohl nicht.

J: Bye.

G: Bye.

J: Eine letzte Frage.

G: Welche?

J: Unter keinen Umständen würdest du je wieder zu mir zurückkommen?

G: Joel, nein.

J: Echt?

G: Ich, ich, darüber können wir nicht mal reden, solange du so drauf bist. Okay?

J: Nein, ich … Ich dachte, wir könnten vielleicht einen
Kompromiss finden, weil du doch gesagt hast, ich
zwinge dich zu einer Entscheidung. Also, wenn ich
mich selbst in die Klinik einweise und dortbleibe,
bis ich geheilt bin, würdest du's dir dann überlegen?

G: Ich kann keine solchen Versprechungen machen.
Ich habe keine Absichten in dieser Richtung.

J: Ich versteh dich nicht.

G: Ich habe gesagt, ich habe keine Absichten in dieser
Richtung.

J: Du sagst also mit anderen Worten, egal, was ich tue,
auch wenn ich geheilt werde, würdest du's dir trotzdem nicht noch mal überlegen?

G: Joel, versteh doch, so was passiert jeden Tag. Leute
gehen getrennte Wege.

J: Ich weiß. Und ich, ich glaube, was bei uns zu den ge-
trennten Wegen geführt hat, war die Tatsache, dass
ich krank war, psychisch. Und psychische Krankheit ist heilbar.

G: Willst du sagen, du wirst das tun?

J: Yep, wenn, wenn ich das Gefühl hätte, es gibt …

G: Was?

J: Wenn du sagen würdest, ja, wenn du das tun würdest, dann, ja ... würde ich's mir noch mal überlegen.

G: Aber du sagst, du würdest lieber krank herumlaufen, als nur um deiner selbst willen geheilt zu werden?

J: Ich, ich würde auch verlangen, dass, äh, du dich mit niemand einlässt, solange ...

G: Oh, Joel, hör auf. Du versuchst schon wieder, über mein Leben zu bestimmen. Du kannst nicht ...

J: Nein, tu ich nicht.

G: Tust du wohl.

J: Ich wollte ja nur, ich will nichts tun. Ich will nur einen Grund dafür. Von dir.

G: Oh, willst du sagen, du willst niemandem was tun?

J: Ja, ich will niemandem was tun.

G: Aber ich muss dir einen Grund geben, niemandem was zu tun?

J: Du hast mir einen Grund gegeben, jemandem was zu tun. Und mein Gedankengang ist der: Ich muss, ich muss irgendwelche Hilfe kriegen, und du musst mir helfen.

G: Joel, du musst dir Hilfe suchen, aber das muss etwas sein, was du für Joel tun willst. Es kann nicht von mir abhängen. Also, bitte tu das.

J: Da haben wir's, du machst mir keine Hoffnung.

G: Ich will dir keine falsche Hoffnung machen. Ich will, dass du für dich selbst entscheidest, ob du ein besserer Mensch werden willst.

J: Gwen, warum hast du mir damals im Februar gesagt, wir, äh, könnten dran arbeiten? Nachdem du in keiner Gefahr mehr warst.

G: Ich wollte raus aus diesem Haus, ins Freie, an die Luft, und atmen. Ich wollte nur raus …

Aufgrund des Beweismaterials, das durch den Telefonmitschnitt gewonnen worden war, erließ der Haftrichter am 5. Juni 1985 um 1:00 morgens einen Haftbefehl. Dennoch fuhr der Polizeibeamte, der abgestellt worden war, um die Wohnung meiner Mutter zu beobachten, am frühen Morgen davon – obwohl es sein Auftrag war, dazubleiben. Später an diesem Morgen, als die polizeiliche Bewachung eingestellt war, erschien Joel vor ihrer Wohnung.

Laut Obduktionsbericht starb sie durch zwei Pistolenschüsse aus kurzer Distanz in Gesicht und Hals. Eine Kugel durchschlug ihre erhobene Hand, bevor sie in ihren Kopf drang. Sie blieb nahe der Schädelbasis stecken, hinter der blutroten Blume ihres Muttermals.

14.

WAS DIE AKTE SAGT

Hey Joe, where you going with that gun in your hand?

Jimi Hendrix

Die Akte sagt Mord, sagt 31. Mai, nennt den falschen Tag, macht das Datum, an dem sie starb, in den Dokumenten unsichtbar, nimmt ihr, nimmt mir fünf Tage, als wären sie irrelevant, als wäre es nicht wichtig, genau zu sein, korrekt: Sie ist tot, suggeriert die Ungenauigkeit, was macht das für einen Unterschied. Sie würde doch sowieso sterben. Der 31. Mai, der Tag, an dem er die Pistole stahl, ist nicht der »Hey Joe«-Tag – nicht der Tag, an dem er laut Akte zu einem Arbeitskollegen sagte: »Ich bin im Begriff, jemanden zu töten.« Nicht der Tag, an dem er es tat.

15.

5. JUNI 1985

Die Stimme am Telefon sagt: »Ma'am?« Sagt: »Es geht um Ihre Mutter, Ma'am. Auf sie wurde ein Schusswaffenangriff verübt.«

Der Polizist, der hinter mir steht, hat mir fast nichts gesagt, nur dass ich unter dieser Nummer anrufen und »so bald wie möglich nach Hause fahren« soll. Einen Moment lang reagiere ich nicht. Ich denke *Angriff*, nur ein Angriff – wiederhole das Wort wie ein Mantra.

Jetzt sage ich ins Telefon: »Wo ist sie?« Meine: *In welchem Krankenhaus?* »Ich muss zu ihr, muss so bald wie möglich kommen.« In den Raum fällt Morgenlicht durch die Jalousie, ein Muster wie ein Gitter auf dem Boden. Ich betrachte es eine ganze Weile, versuche, das Schweigen am anderen Ende zu durchwarten – ein Leerraum, in dem sich die lebendige Präsenz meiner

Mutter in mir ausdehnt. »Wo ist sie?«, sage ich wieder.

Und dann: »Sie ist tot, Ma'am«, als wäre tot ein Ort.

Der Polizist wartet draußen vor meinem Wohnheimzimmer, während ich mich fertig mache. Ich weiß nicht, wie lange ich fort sein werde und was von mir erwartet wird, also gehe ich im Zimmer umher wie in Trance, berühre Dinge auf meinen Regalen, verschiebe Bücher auf meinem Schreibtisch, als könnten die Gegenstände, wenn sie am richtigen Platz sind, die Ordnung der Welt wiederherstellen. Dann denke ich an meine Großmutter und wähle ein schwarzes Kleid, Pumps und, obwohl es Juni und in Georgia schon heiß ist, ein Paar schwarze Strümpfe, so dünn, dass sie nur einen Schatten über meine Haut werfen. Ich bin gespalten, will nicht glauben, was man mir gesagt hat, kann es nicht, und weiß doch, meine Großmutter würde nicht wollen, dass ich mit nackten Beinen, respektlos, die formellen Räume des Todes betrete.

Ich sitze hinten im Polizeiauto und schaue aus dem Seitenfenster, um nicht dem Blick des Polizisten im Rückspiegel zu begegnen. Die GA 78, die wir nehmen, ist ein vierspuriger Highway, aber trotzdem eine Landstraße in der Nähe von Athens, die meiste Zeit gesäumt von Wald, Weiden und da und dort einer Lichtung mit einem kleinen Verkaufsstand oder Laden. Der Polizist erklärt mir, er müsse zwischendurch haltmachen, um »neue Informationen einzuholen«, und als wir zu einem Supermarkt mit einer Telefonzelle kommen, hält er an, um zu telefonieren. Ich habe die Meilen gezählt und hierauf gewartet, in der Annahme, dass er zum Wagen zurückkommen und mir sagen wird, es liege ein Irrtum vor, meine Mutter sei nicht tot – nur *an*geschossen –, oder vielleicht auch, sie hätten die Frau überhaupt falsch identifiziert.

Neue Informationen, hat er gesagt. In meinem Kopf kann das nur heißen, dass die Situation sich ändern kann, dass irgendeine andere Information kommen kann, die diesen schrecklichen Irrtum aufklärt. Den Rest der Fahrt bin ich jedes Mal voller Hoffnung, wenn er hält, um zu telefonieren. Die Hoffnung fühlt sich an wie ein Ballon, der sich in meiner Brust aufbläst und sie dehnt, bis es wehtut. Jedes Mal, wenn er zum Auto zurückkommt und nichts sagt, habe ich zu viel Angst, um ihn zu fragen, was er erfahren hat. Ich denke, dass es irgendwie besser sein wird, wenn auch ich nichts sage.

Die Fahrt dauert eine gute Stunde, in der wir dreimal halten. Die Zeit zwischen den Stopps verbringe ich damit, an das letzte Mal zu denken, dass ich mit meiner Mutter gesprochen habe. Ich hatte sie am Vorabend erst angerufen, um ihr zu sagen, wann meine Semesterabschlussklausuren zu Ende wären und sie mich für die Sommerferien abholen könne. Sie hatte am Telefon gehetzt geklungen, und wir hatten nicht mal eine Minute geredet. Ich hatte etwas gehört, das wie mehrfaches Klicken klang, wie die Tasten eines Geräts, und etwas Zerstreutes in ihrer Stimme, als sie mit jemand anderem in der Wohnung sprach.

Auf dem Polizeirevier führt mich der Beamte in einen kleinen Besprechungsraum und sagt, hier könne ich warten, bis meine Großmutter aus Mississippi eintreffe. In der Tür, die er hinter mir zumacht, ist eine kleine Glasscheibe, und die gegenüberliegende Wand hängt voller billiger inspirierender Drucke, also sitze ich da und starre auf diese. Ich tue es, um nicht auf den Tisch zu starren, auf den jemand den Aktenkoffer meiner Mutter gelegt hat: ochsenblutfarbenes Leder, darauf in goldenen Lettern ihre Initialen, GTG. Mir drängt sich der Gedanke auf, dass das jetzt so wirkt wie die Abkürzung für etwas, das ich oft in der Kirche gehört habe, vor allem am Muttertag, wenn Töchter sich Nelken anstecken, rote für Mütter, die noch leben, weiße für tote – *Gone to Glory*, in die Herrlichkeit eingegangen. Ich denke lieber daran als an das, was ich die ganze Zeit wegschiebe: wie ich erst vor einer Woche mein eigenes Tabu gebrochen und diese Worte ausgesprochen habe: *Er könnte jederzeit kommen und sie töten.*

Mehrere Stunden allein in diesem Raum, tue ich nichts als warten, und der Ballon in meiner Brust wird schwer wie ein Stein. Ich höre die Wanduhr ticken und zwinge mich, so lange wie möglich durchzuhalten, bevor ich wieder zu ihr hinaufsehe. Ich widerstehe dem Impuls, mich umzudrehen und durch die Glasscheibe hinter mir zu blicken. Ich öffne nicht den Aktenkoffer meiner Mutter, um zu schauen, was drin ist. Als meine Großmutter kommt, kann ich meine stoische Fassade nicht länger aufrechterhalten, und ich lehne mich an sie und weine, während sie mein Gesicht mit einem Taschentuch abtupft. Dann stehe ich neben ihr und höre mir an, was ein Polizist sagt: *Joel ist bisher nicht festgenommen worden. Er könnte eine Gefahr für andere sein.*

Sie finden ihn mitten in der Nacht in einem Motel in einer südlich von Atlanta gelegenen Kleinstadt namens Griffin. Der Portier hatte sein Gesicht nach einem Fahndungsaufruf in den Fernsehnachrichten wiedererkannt und die Polizei gerufen, nachdem er ihm ein Zimmer gegeben hatte. Als die Polizei kam, hatte Joel die Tatwaffe noch. Sie lag auf dem Nachttisch, und als die Polizisten ins Zimmer eindrangen, um ihn zu verhaften, sagte er, er habe sich selbst damit töten wollen. Sagte es, als sollte es ihr Mitgefühl wecken, als würde es das, was er getan hatte, irgendwie weniger schwerwiegend machen.

Am nächsten Tag planen wir, dass wir mit meinem Vater nach Mississippi fahren, um dort dann zu dritt den Leichnam meiner Mutter in Empfang zu nehmen. Aber zuerst müssen wir in ihre Wohnung, ein paar Sachen von ihr holen. Als die Einzige, die sich in Atlanta auskennt, gebe ich vom Rücksitz aus Fahranweisungen und schaue hinaus auf die Stadt, die an mir vorbeizieht, als wäre sie ein Ort, den ich noch nie gesehen habe.

Auf dem Parkplatz vor dem Apartmentkomplex sehe ich die Überreste der Kreideumrisse auf dem Asphalt, da, wo ihr Leichnam lag. Ein Fleck verlängert sich von der Stelle aus abwärts, ein dunkles Rinnsal neben dem weißen Bordstein. Vor der Wohnung wartet ein TV-Nachrichtenteam neben einem Van. Als wir an dem Team vorbeigehen, bittet uns ein Reporter um ein Interview, aber meine Großmutter schüttelt wortlos den Kopf, und mein Vater wedelt die Fernsehleute weg. An der Wohnungstür klebt immer noch gelbes Absperrband, als ich hineingehe.

Drinnen gehen wir umher, suchen, auch wenn es niemand von uns sagt, Spuren ihres letzten Morgens: eine Tasse mit Untertasse in der Spüle, ein paar Teeblätter – Narrativ einer unergründbaren Zukunft – noch auf dem Tassenboden. Doch abgesehen davon sind die Räume unverändert, sauber und ordentlich wie immer. Wir wissen noch nicht, dass die Polizei ein paar Dinge mitgenommen hat, die auf der Arbeitsplatte in der Küche lagen: ein Klappmesser, eine Rolle Fünfzig-Cent-Münzen.

Wir sind noch nicht lange da, als die Apartmentmanagerin anklopft und fragt, ob sie jemanden schicken kann, um den Teppichboden zu reinigen. »Wissen Sie, für den Fall, dass da Blut ist«, sagt sie. »Wir können es rausbekommen, wenn wir schnell machen.« Ich sage kaum etwas, zeige ihr nur das winzige Einschussloch in der Wand neben dem Bett meiner Mutter, den sauberen weißen Rand drum herum.

Im Schrank meiner Mutter suche ich die Kleidung zusammen, in der sie begraben werden soll. Ihre Schuhe, eine halbe Nummer kleiner und schmaler als meine, sind ordentlich aufgereiht, alle mit hölzernen Schuhspannern, kleine Torsi, die die Form ihrer Füße darstellen. Ich wähle das schwarze Kaschmirkleid, das sie auf dem letzten Foto anhat – einem formellen Porträt, das erst vor ein paar Monaten in einem Fotostudio gemacht wurde und jetzt gerahmt auf ihrer Kommode steht. Ich stehe lange da und betrachte das Foto. Ich blicke immer noch darauf, auf das Glas, in dem ich mein eigenes Ebenbild in ihrem sehe, als mein Vater hereinkommt, um mich dazu zu bringen, schneller zu machen. »Das sieht der Frau, die ich kannte, überhaupt nicht ähnlich«, sagt er über meine Schulter. »Ihr Mund ist anders. Er muss ihr wohl die Zähne ausgeschlagen haben.«

Später, in dem Hotel im Zentrum, in dem wir übernachten, kommen die abendlichen Lokalnachrichten, und ich sehe mein Abbild auf dem Bildschirm. Die Videoschleife, die läuft, während der Sprecher spricht, zeigt immer wieder dieselbe Szene: eine junge Frau, die zur Tür eines Apartments geht, eintritt und die Tür hinter sich zumacht.

Da beginnt es – unsere Entfremdung. Minutenlang sehe ich es, das Mädchen, das ich hinter mir zurückgelassen habe, immer wieder den Ort betreten, an dem ich meine Mutter zuletzt lebend gesehen habe.

16.

NOTABWURF

Entsorgen, fortschmeißen, wegtun, abstoßen, über Bord werfen, ausmustern, loswerden, abwerfen, ablegen, abstreifen, in die Tonne treten, in den Orkus werfen, exorzieren. Die Dinge in ihrer Wohnung waren eine Last, die ich nicht tragen konnte – selbst die Plattensammlung, die sie so geliebt hatte. Die ich geliebt hatte.

Sie zu haben, denke ich jetzt, würde mir vielleicht etwas von ihr zurückbringen. Hunderte Alben, die wie der Soundtrack ihrer Lebensgeschichte wären, der Jahre, die sie gelebt hat, zurück bis zu jenem Moment, als sie mit dem Sammeln anfing, damals, als Onkel Son noch sein Nachtlokal hatte und ihr die Platten schenkte, die er für die Jukebox gekauft hatte. Dann all die, die sie über die Jahre zusammentrug: ihre Temptations-, Al-Green- und Donny-Hathaway-LPs, ihre Platten von Jimi Hendrix, Marvin Gaye und Tammi Terrel. Etwas so Simples wie ihr Musikgeschmack als mögliche Offenbarung.

Damals wollte ich nichts davon. Jetzt, da ich es alles wollen würde, kommt mir ein Bild in den Sinn, das alles andere verdrängt: das einzige Album-Cover, das ich als Mädchen nicht anschauen konnte, sooft ich die Platten durchging, um etwas zum Auflegen zu finden. Ich steckte das Album irgendwo zwischen die anderen, wie man eine Spielkarte für einen Zaubertrick irgendwo in den Stapel steckt. Aus irgendeinem Grund zog ich es immer wieder: *Maggot Brain* von Funcadelic.

Das also ist mir geblieben: eine Frau mit einem Afro wie dem meiner Mutter in den frühen Neunzehnsiebzigern, bis zum Hals im Dreck steckend, den Kopf in den Nacken geworfen, den Mund weit aufgerissen, offenbar zu einem Schrei der Qual. Auf der Rückseite des Albums nichts als ein weißer Totenschädel. Es verfolgt mich jetzt, als wollte es mir zeigen, wie das Leben meiner Mutter in jenen Jahren wirklich war, ankünden, was kommen sollte. Ihre Gedanken – alles, was ich nicht wissen konnte – in ihrem Kopf eingeschlossen, bis sie es herauszulassen begann, in jenen letzten Worten, die sie schrieb, und in diesem letzten Schrei, bevor der Tod sie so knochenweiß, so unrettbar verloren machen würde wie den Kopf der Frau auf der Rückseite des Albums.

Was ich loswerden wollte, war dieses Bild des Gefangenseins und Leidens, dieser letzte Schrei.

17.

NÄHE

Dass es dich aus der Bahn warf,
lag daran, dass du zurückgegangen bist.

Joan Didion

Eines Abends im Frühjahr 2005 gehen mein Mann Brett und ich zu Fuß zu einem Restaurant am Square in Decatur. Seit 2001 wohnen wir hier in Decatur, nur ein paar Blocks vom Gerichtsgebäude von DeKalb County, und von dieser Nachbarschaft abgesehen, habe ich bisher alles, was zu meinem früheren Leben hier gehörte, weitgehend vermeiden können. Langsam glaube ich sogar schon, dass mir das auch weiterhin gelingen wird.

Als Stammgäste des Restaurants schnappen wir uns einen Bartisch in der Nähe des Tresens und plaudern ein wenig mit dem Barkeeper. Wir haben gerade unsere Drinks bekommen, da tritt ein Mann, den ich noch nie gesehen habe, auf uns zu und fragt: »Habe ich Sie gerade vom Hotel herkommen sehen?« Da wir von zu Hause gekommen sind, komme ich nicht auf die Idee, dass er meinen könnte, *aus der Richtung* des Hotels oder *aus der Nähe* des Hotels, das wir auf dem Weg von zu Hause zum Restaurant passieren. Als ich Nein sage, entschuldigt er sich und entfernt sich wieder, doch kurz darauf bringt uns der Barkeeper eine weitere Runde Drinks und erklärt, die gingen auf Bob, als nochmalige Entschuldigung dafür, dass er uns gestört habe.

Brett und ich finden das beide merkwürdig, also beschließe ich, rüberzugehen und mich ihm vorzustellen. Er sieht nett aus, mit Augen, deren äußere Winkel hängen, als ob da ständig eine tiefe Traurigkeit in ihm wäre, auch wenn er lächelt. Als ich meinen Namen nenne, macht er mich mit seiner Frau bekannt und fragt mich, was ich beruflich mache. Wir wechseln die üblichen Höflichkeitsfloskeln, und ich habe immer noch keine Ahnung, warum er uns angesprochen hat. Er sagt, er sei bei der Bezirksstaatsanwaltschaft von Rockdale County. »Oh«, sage ich. »Vielleicht kennen Sie jemanden, den ich kenne. Tom Morgan. Er war bei der Staatsanwaltschaft von DeKalb County.«

»Woher kennen Sie Tom?«, fragt er.

»Tja, da war vor Jahren ein Fall …« Ich verstumme und schaue weg, durchs Fenster hinaus zum Gerichtsgebäude am Square. Er schweigt eine ganze Weile, ehe er spricht, so als dämmere ihm gerade etwas oder als rüste er sich, etwas Schwieriges zu sagen.

»War Ihre Mutter Gwen Grimmette und Joey Ihr Bruder?«

Ich bin perplex, dass er das fragt, dass er weiß, wer meine Mutter und mein Bruder sind. Ich blicke zu seiner Frau, um festzustellen, ob sie genauso verblüfft ist wie ich. Als ich ihn wieder ansehe, stehen ihm Tränen in den Augen, dann senkt er den Kopf und weint.

»Er war der erste Polizeibeamte am Tatort«, sagt seine Frau jetzt. »Es vergeht kein Tag, an dem er nicht an Ihre Mutter denkt.«

Es ist ihr zwanzigstes Todesjahr, das Jahr, in dem ich mehr Jahre ohne sie gelebt habe als mit ihr. Es ist das Jahr, erklärt mir Bob, in dem die Aufbewahrungsfrist für die Ermittlungsakte in ihrem Fall endet, und er bietet mir an, alles vor der Vernichtung zu bewahren und mir zu geben.

Als ich ihn eine Woche später in einer Bar gegenüber dem Gerichtsgebäude treffe, übergibt er mir eine dicke Akte in einer Plastiktüte und eine Flasche Wein. »Die werden Sie brauchen«, sagt er.

Ich denke oft an Ralph Ellisons Abwandlung von Heraklits Postulat von der Bedeutung des Charakters für das Schicksal des Menschen: »Geografie ist Schicksal.« Ich war freiwillig an diesen Ort zurückgekehrt, hatte mich in die räumliche Nähe dessen begeben, was in meiner Vergangenheit geschehen war. Ich hatte sogar ein Haus in Gehentfernung vom Gerichtsgebäude gekauft, unweit des Polizeireviers und nur ein paar Meilen vom Ort der Ermordung meiner Mutter im Schatten des Stone Mountain, jenes Symbols der Konföderation und Monuments des weißen Rassismus, in dem sich in meiner Psyche die Geografie und die – öffentliche wie private, nationale wie persönliche – Geschichte meiner tiefsten Wunden vereinen.

Wie hatte ich glauben können, meine Vergangenheit würde mich nicht auf verschiedenste Art und Weise einholen? Ich könnte hier unerkannt durchkommen? »Ich habe Sie an jenem Tag auf dem Revier gesehen«, erzählte mir Bob. »Sie sahen aus, als wären Sie schon gar nicht mehr da, weit über alldem und weit weg davon.« Ich weiß, ich muss unter Schock gestanden haben, als er mich sah, aber er hatte offensichtlich noch etwas anderes in meinem Gesicht bemerkt. Und jetzt erkannte ich es auch. All die Jahre, die ich vor meiner Vergangenheit davongelaufen war, hatte ich mich in Wirklichkeit stetig dahin zurückgearbeitet.

[ ]

*Als ich mich schließlich hinsetze, um den Teil unserer
Geschichte zu schreiben, den ich am meisten gemieden
habe, als ich mich endlich zwinge, die Ermittlungsdoku-
mente zu lesen, alles – die Transkripte, die Zeugenaus-
sagen, die Obduktionsergebnisse und sonstigen Berichte,
die Erklärung der Staatsanwaltschaft, Hinweise auf polizeiliche Gleichgültigkeit –, sinke ich zerstört zu Boden,
als hätte ich gerade erst vom Tod meiner Mutter erfahren. Was aus mir herauskommt, ist unkontrollierbar: das
lang gezogene urtümliche Heulen, das ich mir damals
nie gestattet habe. Ich erlebe es noch einmal in Echtzeit,
nur dass das, was ich erlebe, nicht mein eigenes Gefühl
jähen Verlusts ist, sondern vielmehr das Entsetzen ihrer
letzten Momente.*

Sie hätten sie retten können.

*Die ganze Zeit über, die ich daran gearbeitet habe, diese
Geschichte zu erzählen, habe ich es schrittweise getan,
habe sie, um es aushalten zu können, zerlegt: in säuber-*

lich abgepackte Segmente, die es mir erlaubten, diese drei Jahrzehnte weiterzumachen, ohne zusammenzubrechen.

Drei Jahrzehnte sind eine lange Zeit, um die Konturen des Verlusts kennenzulernen, mit dem eigenen Beraubtsein vertraut zu werden. Man gewöhnt sich daran. Meistens ist es etwas Fernes, stets am Horizont, etwas, das mit seiner schwierigen Fracht auf mich zu segelt. Womit ich nicht gerechnet habe, ist, ihren letzten Schrei, den, den mehrere Nachbarn, wie sie der Polizei berichteten, kurz vor den beiden Schüssen hörten – ihr Nein, Nein, Nein –, aus meinem Mund ertönen zu hören.

18.

BEVOR WISSEN SICH ERINNERT

Irgendeine selektierte Darstellung der
Vergangenheit wird unseren Sinnen ständig
übermittelt.

Adrienne Rich

Über die Jahre ist mein Denken immer wieder zu jener frühen Erinnerung an mein Beinahe-Ertrinken in Mexiko zurückgekehrt, zum Bild meiner Mutter über mir, mit ausgestreckten Armen, um das Gesicht einen Strahlenkranz von Licht. Wusste ich damals, dass es einem ikonischen Bild der Jungfrau Maria entspricht? Unser Gehirn funktioniert solcherart, dass wir Neues immer durch die Linse dessen sehen und wahrnehmen, was wir bereits gesehen haben. Was war also zuerst da, der Anblick meiner Mutter, während ich im Pool versank, oder religiöse Gemälde und Altarbilder, auf denen Maria ganz ähnlich dargestellt ist?

Das Wichtige ist die transformative Kraft der Metaphern und der Geschichten, die wir uns selbst über den Bogen und die Bedeutung unseres Lebens erzählen. Seit jenem Tag vor Jahrzehnten ist das Erinnerungsbild selbst gleich geblieben, vermutlich, weil ich es memoriert habe, indem ich die Geschichte meines Beinahe-Ertrinkens immer wieder erzählte. Verändert hat sich, wie ich das, was ich gesehen habe, verstehe, wie ich das Metaphorische in meinem Erinnern interpretiere. Laut wissenschaftlichen Erkenntnissen verzeichnet und speichert das Gehirn Erinnerungen auf verschiedene Art, schreiben sich ihm traumatische Erlebnisse anders ein als andere Geschehnisse.

Um ein Trauma zu überleben, muss man in der Lage sein, eine Geschichte darüber zu erzählen. Darum: Wenn die Geschichte, die ich mir nach dem scheinbar geringfügigen Trauma des Beinahe-Ertrinkens zu erzählen begann, darin bestand, dass meine Mutter da war, dass ich nicht wirklich in Gefahr war, dass sie irgendwie überirdisch war, eine lichtumkränzte Heilige, zu der ich meine Gebete um Errettung emporschicken könnte, so entwickelte sich diese Geschichte über die Jahre zu einer Selbst-Narration, die ihrerseits ein weiteres Trauma aufnehmen und ihm Bedeutung geben konnte.

In *Poetry as Survival* stellt Gregory Orr die Fragen des oder der Überlebenden in Bezug auf Gewalt: *Wie konnte es sein, dass ich so nah dran war und nicht vernichtet wurde? Warum wurde ich verschont?* »Doch diese aus dem Trauma geborene Suche führt die überlebende Person nicht einfach voran«, schreibt er. »Zuerst führt sie sie rückwärts, zurück zur Szene des Traumas, wo der Kampf mit dem Dämon oder Engel stattfinden muss, der das Mysterium der Gewalt und das Mysterium von Wiedergeburt und Transformation verkörpert.« Er bezieht sich hier auf Lorcas Theorie des *duende*, einer Art Dämon, die den Künstler treibt und Leiden, Schmerz und ein gesteigertes Bewusstsein für den Tod hervorruft. Über die Auswirkungen des *duende* auf das Werk des Künstlers schrieb Lorca: »Im Bemühen, die Wunde zu heilen, die niemals heilt, liegt das Außergewöhnliche.«

Also gehe ich jetzt zu jenem Traum zurück, den ich kurz nach ihrem Tod hatte und der mich auf diese Reise schickte.

Drei Wochen nach ihrem Tod sind meine Mutter und ich wieder zusammen. Wie um sie zurückzuholen, habe ich mich an diesen Ort der Schatten begeben, wo wir jetzt nebeneinander hergehen, beide ohne etwas zu sagen. Wir fühlen uns wohl in unserem Schweigen und könnten ewig so nebeneinander hergehen. Doch dann taucht aus dem Dunkel ein Mann auf und kommt auf uns zu. Selbst im Traum weiß ich, dass er sie getötet hat, und doch lächle ich, hebe die Hand und sage, als er an uns vorbeigeht, grüßend: »Hey, Big Joe.« Da dreht sich meine Mutter zu mir und spricht ihre letzten Worte: »Weißt du, was es heißt, eine Wunde zu haben, die nie heilt?« Mitten in ihrer Stirn ist ein Loch, so groß wie ein Vierteldollar, und daraus hervor kommt Licht, so hell und durchdringend, als blickte ich direkt in die Sonne; ihr Gesicht ist nichts als Licht, umringt von dem Dunkel, das uns umgibt. Als wir weitergehen wie zuvor, treffen wir ihn wieder. Diesmal hält er eine Pistole in der Hand, zielt auf ihren Kopf. Diesmal weiß ich, ich muss sie retten, also werfe ich mich in die Schussbahn und schreie »Nein!« – und höre im Aufwachen dieses eine Wort, da meine eigene Stimme mich aus dem Schlaf reißt.

In jenem Moment des Aufwachens war ich verändert. Die Welt und ich darin waren nicht mehr wie zuvor. Durch die Metapher des Traums hatte ich das unleugbare Vorhandensein meiner tiefsten Wunde anerkannt. Hatte ich, bevor ich die letzten Worte meiner Mutter im Traum hörte, Lorca gelesen? Ich bezweifle es. Aber etwas aus der Vergangenheit präsentierte mir wieder eine vertraute Szene: das frühe Bild des Gesichts meiner Mutter über mir, genau vor der Sonne, während ich unter Wasser hinaufblicke. Nur war es jetzt das Negativ – eine Verkehrung von Hell und Dunkel, ihr Gesicht reines Licht, umringt von Dunkel, das Licht alles verzehrend und durchdringend. Und es präsentierte mir noch etwas: jenen Moment auf der Leichtathletikbahn um das Footballfeld, als wir bereits geflohen waren und Joel vor mir erschien und ich lächelte, winkte und ihn grüßte, die simple Geste, die mir das Leben rettete, es gegen das meiner Mutter eintauschte.

Seit jenem ersten Traum trage ich mein ganzes Erwachsenenleben lang das Schuldgefühl mit mir herum, am Tod meiner Mutter beteiligt zu sein – oder genauer, das Gefühl, dass sie tot ist, weil ich es nicht bin. Ich konnte dieses Schuldgefühl nicht immer benennen, fühlte es aber am Rand meines Bewusstseins nagen.

»Das Gedächtnis glaubt, ehe das Wissen erinnert«, schrieb William Faulkner. Mit den Jahren, als ich den Traum immer wieder für das fortlaufende Narrativ meines Lebens verwendete, begann ich ihn als Bindeglied meiner frühesten Trauma-Erinnerung zu sehen – als hätte meine früheste Erinnerung tatsächlich den Rahmen für den Traum geliefert, als wäre sie die Klammer zwischen dem Davor und Danach meines Lebens, bezogen auf den Tod meiner Mutter. Aus dem Wasser in ihre Arme gezogen zu werden, war einer Taufe vergleichbar gewesen. Ich hatte etwas Sonderbares erlebt, ähnlich den Visionen, von denen Gläubige berichten, dass sie sie auf einen Pfad der Hingabe gebracht, ihrem Leben Sinn und Ziel gegeben haben: Durch die verschwommene Linse des Wassers schien meine Mutter fern und nicht ganz körperhaft – eine Erscheinung, die Tote, die sie werden würde, aber von Licht umstrahlt, als wäre sie bereits zur Heiligen verklärt.

Im Narrativ meines Lebens, das eher im Blick zurück als im Blick in die unbekannte und unerzählte Zukunft liegt, kam ich aus dem Pool hervor wie aus einem Taufbecken – verändert, wiedergeboren –, als wäre mir schon damals gezeigt worden, was meine Berufung sein würde. So fügt sich die Vergangenheit in das Narrativ unseres Lebens, gibt ihm Bedeutung und Sinn. Selbst der Tod meiner Mutter wird in der Geschichte meiner Berufung akzeptabler, bekommt einen Sinn, statt einfach nur sinnlos zu sein. Es ist die Geschichte, die ich mir erzähle, um zu überleben.

[ ]

*Oft, wenn ich allein unterwegs bin, denke ich daran, wie
ich jeden Sommer mit meiner Mutter nach Mississippi
zurückfuhr. In dem Jahr, bevor ich alt genug war, um
selbst Auto zu fahren, ließ sie mich auf langen, leeren
Highwaystrecken lenken üben. Ich langte dann über die
Mittelkonsole hinüber und übernahm das Steuer, an sie
gelehnt, meinen Rücken an ihrer Brust, der Bogenbahn
der Sonne folgend, nach Westen, nach Hause. Mehrere
Meilen fuhren wir auf diese Weise dahin, so eng beiei-
nander, dass es war, als wären wir miteinander verwach-
sen, und ich fühlte ihren Herzschlag, als hätte ich selbst
nicht nur ein Herz, sondern zwei.*

DANK

Dieses Buch zu schreiben, war eine lange und schmerzliche Reise, und ich hatte unterwegs eine Menge Hilfe von Freundinnen und Freunden – zu vielen, um sie hier zu nennen, so vielen, dass ich zwangsläufig welche vergessen werde. Vielen von ihnen war vermutlich gar nicht bewusst, dass sie mir eine unermessliche Hilfe waren. Ich werde noch auf Jahre Dank sagen. Das hier ist nur ein Anfang, also Dank an: Dan Albergotti, Cynthia Blakely, Jericho Brown, Rob Casper, Michael Collier, Jean Douglas, Olga Dugan, Susan Glisson, Alison Granucci, Joe Grimmette (meinen Bruder), Jim Grimsley, Frank Guridy, Daniel Halpern, Leslie Harris, John Hoppenthaler, Jate Johnson, Nicole Long, Molly McGee, Pearl und Tom McHaney, Rob McQuilkin, Don Allen (Chip) Mitchell, ZZ Packer, Deborah Paredes, Tony und Leisa Powers, Angelo Robinson, Michael Taeckens, Charles Tucker, Allen Tullos, Kate Tuttle, Paula Vitaris, Daren Wang, Lynna Williams, Cecilia Woloch, Jenny Xu, C. Dale Young, Kevin Young und – meinen Liebsten – Brett Gadsden.

Penguin Random House Verlagsgruppe FSC® N001967

1. Auflage
Deutsche Erstausgabe April 2024
Copyright der Originalausgabe © 2020 by Natasha Trethewey
Copyright © der deutschsprachigen Ausgabe 2024 by btb Verlag
in der Penguin Random House Verlagsgruppe GmbH
Neumarkter Straße 28, 81673 München
Covergestaltung: semper smile, München,
nach einem Entwurf von Errata naturae
Covermotiv: Natasha Trethewey Privatarchiv
Autorinnenfoto: © Nancy Crampton
Satz: Uhl + Massopust, Aalen
Druck und Einband: GGP Media GmbH, Pößneck
MK · Herstellung: sc
Printed in Germany
ISBN 978-3-442-77442-5

www.btb-verlag.de
www.facebook.com/penguinbuecher